2022 개정 교육과정 기반

교사 교육과정과
수업 디자인

유영식

유영식 선생님은 교육과정 정책참여와 실천 경험을 바탕으로 교육과정 분야에서 성과를 거두고 나눔을 하고 있습니다. 2022 개정 교육과정 총론 주요사항 설정 연구원, 2022 개정 교과교육과정 각론조정 연구원, 국가교육과정 개정 추진위원을 역임하고 현재 경기도교육과정 개발위원을 맡고 있으며 2011년부터 현재까지 경기도교육청 교육과정 및 평가 정책 추진단에서 활동하고 있습니다. 또한 2022 개정 교육과정 교육부 정책 연구학교 주무교사, 교육과정 연구부장(초창기 혁신학교 등 총 10년), 다문화 교육과정 개발 교육부 정책 연구학교 주무교사, 경기도교육청 학교자율 교육과정 실천학교 담당으로 활동하고 있습니다.

교육과정 분야 전국현장교육연구대회 1등급 푸른기장 3회 수상, 교육과정 분야 교육부 장관상 수상, 대한민국 수학사상 수상, 경기도교육청 수업명인 선정, 수업우수교사제 1등급 3회 수상, 학교 자율 교육과정 실천 우수교사 수상을 하였습니다.

전국 17개 시도교육청 및 교육연수원 교육과정-수업-평가 분야 강사 및 티처빌 원격교육연수원(교사교육과정, 과정중심평가) 강사로 활동하며, EBS교육대토론(교육과정 개혁), 미래교육플러스 패널로 출연하였습니다.

지은 책으로 『수업 잘하는 교사는 루틴이 있다』(2020), 『교육과정 문해력』(2018), 『과정중심평가』(2017) 등이 있습니다.

e-mail : neoyoo99@naver.com
SNS : facebook.com/neoyoo99

2022 개정 교육과정 기반

교사 교육과정과
수업 디자인

초판 1쇄 발행   2023년 6월 1일
    7쇄 발행   2024년 10월 16일
지은이 유영식
펴낸이 이형세
펴낸곳 테크빌교육㈜
책임편집 이윤희 | 편집 옥귀희 | 디자인 어수미
테크빌교육 출판 서울시 강남구 언주로 551, 5층 | 전화 (02)3442-7783 (142)

ISBN 979-11-6346-173-9 03370
책값은 뒤 표지에 있습니다.

테크빌교육 채널에서 교육 정보와 다양한 영상 자료, 이벤트를 만나세요!

블로그 blog.naver.com/njoyschoolbooks   페이스북 facebook.com/teacherville
인스타그램 @tkvl_b   티처빌 teacherville.co.kr
쌤동네 ssam.teacherville.co.kr   티처몰 shop.teacherville.co.kr

2022 개정 교육과정 기반

교사 교육과정과 수업 디자인

FREE 학교자율시간

깊이 있는 학습

유영식 지음

테크빌교육

프롤로그

지금은 교육 대전환의 시대이다. 빠르게 변화하는 사회에 맞추어 교육도 미래교육 체제로 빠르게 전환하고 있으며, 현재 교육기관에서 제일 많이 쓰는 단어가 미래교육이다. 그런데 현장의 미래교육 담론은 디지털·AI와 같은 교육 방법적인 측면들을 강조하고 있다. 이는 미래교육의 수단은 될 수 있어도 본질이자 목적이 될 수는 없다. 미래교육의 본질은 미래사회 체제에 맞추어 학생 개개인의 특성이 최대한 발현될 수 있는 교육을 하는 것이다. 이는 과거와 같이 국가가 모든 교육내용을 짜주고 교과서로 천편일률적인 수업을 하는 방식으로는 불가능하다. 이에 국가 교육과정에서는 학생들을 위한 맞춤형 교육을 할 수 있는 '학교 자율시간'이라는 교육과정 속 빈 공간(空間)과 '깊이 있는 학습'이라는 미래사회에 필요한 역량을 키워줄 수 있는 수업의 방향을 제시하였다.

　학교 자율시간은 학교와 교사가 학생들에게 맞춤형 교육을 할 수 있는 교과와 창의적 체험활동이 아닌 새로운 교육과정 영역이다. 다양한 특성과 교육적 요구를 갖고 있는 수많은 학생들이 모두 만족할 수 있는 교육과정을 국가가 만들어주는 것은 불가능하다. 학교 자율시간으로 학교와 교사는 지금까지 주어진 교육과정을 소비하는 소비자의 역할에서 학생들에게 맞는 개별화된 교육과정을 생산할 수 있는 생산자로서의 새로운 역할을 부여받게 되었다. 이 공간을 활용하여 교육과정에 우리 학생들에게 어울리는 색깔을 입혀나가는 것이다.

2015 개정 교육과정 시기 처음으로 국가 교육과정에 역량이라는 단어가 수록되기 시작하였다. 그러나 선언적 의미의 성격이 강하였고, 역량을 키울 수 있는 구체적인 방향성이 모호하다는 비판이 있었다. 이에 2022 개정 교육과정에서는 역량을 키울 수 있는 수업의 방향으로 '깊이 있는 학습'을 제시하였다. 이는 학생 스스로 생각하는 힘을 키워 교실과 세상을 연결할 수 있도록 하는 것이다. 결국 학교 자율시간과 깊이 있는 학습은 학생 주도성(Student agency)으로 연결될 것이다.

이 책은 2022 개정 교육과정의 학교 자율시간, 깊이 있는 학습을 현장 교사의 관점에서 해석하고 실행하기 위한 구체적인 방안들을 제시하였다. 1부에서는 미래교육과 이를 위한 교육과정의 방향에 대하여 제시하였다. 2부에서는 학교 자율시간의 의미와 교사 교육과정과의 관계를 분석하였다. 3부에서는 학교 자율시간과 깊이 있는 학습을 디자인하기 위하여 국가 교육과정에 대한 문해력을 키울 수 있는 내용을 수록하였다. 4부에서는 학교 자율시간을 실천할 수 있는 방안을 필자의 경험을 바탕으로 수록하였다. 5부에서는 깊이 있는 학습을 위한 수업 디자인과 평가 방안들을 제시하였다. 이 책의 내용이 미래교육에 필요한 교사의 교육과정과 수업 방향에 작은 등대가 되기를 바란다.

차 례

Part

**미래교육이
원하는
교육과정**

Part

**학교 자율시간으로
만드는
교사 교육과정**

차 례

미래교육의 의미와 방향을 분석해보고, 학습자 주도성(Student Agency)을 위하여 교사 주도성(Teacher Agency)과 교육 주체 간 협력(Co-agency)으로 만드는 교육과정의 의미를 탐구해본다.

1
Part

미래교육이
원하는 교육과정

FREE 학교자율시간

깊이있는학습

미래교육,
교육과정으로 말한다

최근 미래교육에 대한 용어가 홍수처럼 쏟아지고 있다. 이제는 구호와 선언 혹은 더 이상 먼 미래가 아닌 학교와 교실에서 현실로 풀어내어야 할 시점이다. 이를 위해서 2022 개정 교육과정은 '미래역량', '학습자 주도성'이라는 주요 키워드를 제시하였다. 개정 교육과정 총론의 교육과정 구성의 중점 항목 중 "미래사회의 불확실성에 능동적으로 대응할 수 있는 능력"이라는 문구에서 '미래역량'이라는 키워드를 도출할 수 있다. 그리고 비전과 인간상에서 제시된 '주도적인 사람'에서 학습자 주도성(Student agency)을 강조하고 있음을 확인할 수 있다. 이 2가지 키워드는 미래교육이라는 담론에 중요한 나침반 역할을 해준다.

그러나 최근 교육 현장에서 남용이라는 표현이 어울릴 정도로 흔히 사용되고 있는 미래교육 담론과 정책들을 분석해보면 디지털·AI를 활용한 에듀테크가 부각되고 있는 것을 확인할 수 있다. 디지털·AI를 활용한 교육이 미래교육의 필요조건은 될 수 있어도 본질이자 목적이 될 수는 없다. 이를 논하기 위해서는 미래교육이 무엇을 위해서, 어떠한 방향으로 나아가야 할지를 짚어보아야 한다. 답은 앞에서 언급한 2022 개정 교육과정에서 찾아볼 수 있다. 미래교육은 학습자 주도성을 위해 학습자 맞춤형 교육이 이루어질 수 있는 방향으로 구현되어야 한다. 학령인구가 급감하는 현실적인 이유뿐만 아니라 개개인의 고유한 특성을 가진 학생 각자에 맞는 주도성을 갖추게 하기 위해서는 학습자 맞춤형 개별화된 교육이 필요한 것이다. 미래교육이 구현되는 교실을 위해서는 수업의 방향도 중요하다. 수업도 학습자 주도성과 미래 역량 함양이라는 방향성에 맞추어 변해야 한다.

2022 개정 교육과정은 이를 실제 학교 교실에서 구현할 수 있도록 고교학점제와 학교 자율시간이라는 교육과정 운영 방안과 깊이 있는 학습이라는 교수·학습 방향을 제시하였다. 학교 자율시간은 학교에서 과목 혹은 학생 중심의 활동을 개설해낼 수 있는 새로운 공간(시간)이다. 이 시간을 활용하여 학교와 교사는 학생 개개인의 특성을 살린 개별화·특성화된 교육과정을 만들어낼 수 있다. 깊이 있는 학습은 그동안 구호와 선언 수준에서 머물렀던 역량 함양 교육을 수업에서 구체화한 방안이다. 이는 학습자 맞춤형 교육과정과 미래역량을 키울 수 있는 수업으로 연결되어 학생 주도성을 키워줄 것이다.

Student Agency를 위한
교육과정

우리나라 2022 개정 교육과정뿐만 아니라 'OECD의 미래학습의 틀 2030(OECD Future of Education and Skills 2030)'을 통해 길러내고자 하는 학습자의 특징을 '학습자 주도성(Student agency)' 또는 학생 행위 주체성이라는 용어로 제시하고 있다. 주도성(agency)은 세계에 능동적이고 주도적으로 참여하면서 다른 사람과 주변 환경에 긍정적인 영향을 미치는 책임감을 내포하는 개념으로서, 주도성을 갖는 사람은 목표를 설정하고 그에 맞는 행동을 설계할 줄 아는 능력을 갖춘 것을 의미한다(교육부, 2021). 학생들은 미래사회의 환경적, 경제적, 사회적 도전에 직면하여 이러한 도전을 헤쳐나갈 수 있어야 하며, 이를 위해 공동체의 번영, 지속가능성, 웰빙 등을 가치 있게 여겨야 한다. OECD의 미래학습의 틀에서는 변혁적 역량을 설정하면서 학생들의 '학습자 주도성(Student agency)' 발달이 미래교육의 초점이 되어야 한다고 본다. 학생들이 명확한 가치가 있는 목적을 설정하고 아직 개척되지 않은 기회를 찾으며 중대 문제에 대한 다각적인 해결책을 찾는 법을 알아가는 주도성이 미래사회에서 매우 중요할 것이기 때문이다(이상은, 소경희, 2019). 한국교육과정평가원(2022b)은 학습자 주도성을 의도성, 자기조절, 자기성찰의 요인으로 분석하고 이를 위한 교수학습 원리를 다음과 같이 제시하였다.

영역		교수·학습 원리
구성 요소	의도성	원리 1. 목적 달성을 위한 목표와 계획을 스스로 수립하도록 하라.
	자기조절	원리 2. 목표 달성을 위해 학습 활동을 효과적으로 관리하도록 하라.
		원리 3. 목표 달성을 위해 인적·물적 자원을 효과적으로 활용하도록 하라.
	자기성찰	원리 4. 학습과 관련된 목표, 태도, 생각 등에 대해 반성적으로 평가하도록 하라.
		원리 5. 학습 과정에서 메타인지를 활용하도록 하라.
영향 요인	개인의 신념과 태도	원리 6. 학습에 대한 긍정적인 태도를 형성하도록 하라.
	학습 환경과 학교문화	원리 7. 학습자 중심의 학습 환경을 구축하도록 하라.

출처 : 한국교육과정평가원, 2022b

이상의 내용을 종합하면 학습자 주도성은 학생 스스로 자신의 삶을 위한 목표를 설정할 수 있고, 이를 위하여 능동적인 학습자가 되어야 함을 의미한다. 이를 위해 교육과정은 학생들을 동기화시키고, 그들이 가진 이전 지식, 기능, 태도 및 가치를 인식하고, 학생의 주변으로부터 설계되어야 한다(교육부, 2021). 이상의 논의를 종합하여 학습자 주도성을 교육과정 관점에서 분석해보면 학습자 주도성이 학교 교육에서 구현되는 모습이 명확해진다.

	수동적 학습자	주도적 학습자
교육 과정	교과서 기반 정해진 학습 내용 수용	학습할 내용을 학생을 중심으로 구성
수업	강의식 수업에 의하여 주입식 수용	학생이 학습 과정에 참여하여 학생 스스로 자기주도적 생각을 만들어나가는 학습
평가	정해진 답지를 수동적으로 선택	학생이 능동적으로 답을 구성

2022 개정 교육과정은 위 3가지 관점이 교실에서 구체적으로 구현될 수 있도록 하였다. 교육과정에서는 학교 자율시간을 통하여 학생 중심의 과목과 활동을 구성하고, 고교학점제를 통하여 학생이 주도적으로 학습 이수 경로를 설정할 수 있다. 수업은 깊이 있는 학습을 통하여 학생이 주도적으로 자신의 생각을 만들고 서·논술형 평가와 수행형 평가를 통하여 이를 확인할 수 있도록 하였다.

Teacher Agency로
만드는 교육과정

학생 주도성이 구현되기 위해서는 Teacher Agency(교사 주도성, 교사 행위 주체성)에 의하여 교사도 자신의 교육과정 가능성을 최대한 발휘할 수 있어야 한다.

이전의 교육은 교육과정의 주요 내용들이 먼저 선정되고, 이 내용들을 이수하기 위해 교사와 학생들이 만났다. 미래의 교육, 아니 지금부터의 교육은 학생이 먼저 있고 학생을 위해서 교육내용과 방법 즉, 교육과정이 있는 것이다. 학생이 우선순위에 있고, 이 학생들을 가장 잘 아는 것은 교사이다. 따라서 교사 주도로 교육내용과 이에 적절한 수업 방법들을 선택할 수 있는 것이 강조되기 때문에, 학생 다음의 순서는 교사이다. 교사와 학생들을 위해서 제일 마지막 순서에서 고민하고 만들어져야 하는 것이 교육과정인 것이다. 즉, 학생을 위해서 교육과정이 만들

Student Agency와 Teacher Agency

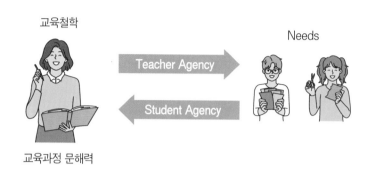

어지고 이 과정에서 학생 주도성(Student agency)과 교사 주도성(Teacher agency)이 함께 구현되어 교사 교육과정 그리고 학생 중심 교육과정이 만들어지는 것이다.

교사 주도성이란 교사는 교육과정을 효과적으로 실행하기 위해 자신의 전문적 지식, 기능, 소견을 사용하는 권한을 가져야 한다는 것이다. 이 개념은 교사는 변화의 대상이 아닌 '변화의 주체(agent of change)'로서, 교사의 역할을 중앙에서 결정한 것을 전달하고 시행하는 데 한정하지 않고, 교사가 학교 현장의 변화를 주도적으로 이끌어야 한다는 점을 강조하는 것이다(OECD, 2018). 교사는 학교의 변화를 주도적으로 이끌기 위해 학생의 특성 및 환경에 대한 이해를 바탕으로 학생에게 가장 적절한 학습 경험을 설계하는 전문성을 발휘할 수 있어야 한다(교육부, 2021).

교사 주도성은 결국 교사 교육과정과 직결되는 개념이다. 교육과정을 효과적으로 실행하기 위한 교사의 전문적 지식과 기능은 결국 교육과정 문해력, 소견은 교사로서의 교육철학을 의미한다. 그리고 이를 바탕으로 교사가 주도적으로 학교 현장의 변화를 이끄는 것은 결국 교사 교육과정을 만들고 실천하는 것을 의미한다. 교사의 교육철학과 교육과정 문해력을 바탕으로 행위 주체성을 발휘할 수 있는 최대한의 범위 내에서 학생을 위한 교육을 실행해나가는 것이 결국 학습자 주도성(Student agency)을 갖추게 하는 미래교육 체제에서 필요한 교사의 권한이기 때문이다.

교사 교육과정 = 교사의 知 + 行

知 = 교육과정 문해력　　　行 = 교사가 할 수 있는 Maximum

예) 성취기준 이상의 내용, 아침활동,
학급특색활동, 학습과제, 특색활동

Teacher Agency

　교과서 중심 교육과정 운영에서 벗어난 최근의 성취기준 중심 교육과정 운영, 학교 자율시간, 학교자치 모두 교사 주도성의 확장을 의미한다. 교과서에 국한된 교육과정이 아닌 성취기준을 학생의 관점에서 바라본 해석과 이에 의한 수업 운영, 학생의 교육활동을 위하여 권한과 위임을 학교에 최대한 배분하는 학교자치도 결국은 교사 교육과정에 의하여 실현되는 것이다.

Co-agency로
함께 만드는 교육과정

학습자 주도성은 학생을 둘러싼 교육생태계 모두의 힘을 필요로 한다. 주도성(agency)은 각자 다양한 특성을 갖고 있는 학생들이 자신을 둘러싼 환경, 세상과 교류하면서 만들어내는 것이기 때문에 교과서만으로는 만들어줄 수 없다. 학생을 중심에 두고 교사와 학교, 학생의 실제 삶과 연계된 마을 교육생태계 형성이 필요하다.

이를 위해서는 다양한 교육 주체들(시도교육청, 학교, 지역 등) 간 전문성을 기반으로 협력적 관계(Co-agency) 형성이 필요하다. 최근 지자체와 교육청 간 교육협력지구사업이 활성화되고, 이것이 일회성 사업이 아닌 학교 교육과정의 한 부분으로 들어오고 있다. 이는 곧 마을 교육과정이라는 결과물로 연결된다. 마을의 교육 자원들을 추출하고 활용하여 배움이 학생들의 삶과 연계되도록 할 수 있다. 교육청과 교육지원청은 학생의 삶과 밀접한 교육과정이 될 수 있도록 지역의 교육자원들을 발굴하고 교육과정 속 한 부분으로 연결하는 네트워킹 역할에 더욱 집중해야 한다. 이와 같은 교육생태계 구축은 학생을 둘러싼 교육 주체들 간의 협력적 관계에 기반하여 학생 각자의 특성에 맞는 개별화된 교육으로 연결되어, 학생 주도성 신장에 유리한 교육 환경이 될 수 있다.

2022 개정 교육과정은 총론의 교육과정 편성·운영 기준, 교과 교육과정(각론)의 교과별 주요 내용에서 교육 주체 간 협력적 관계를 이전의 국가 교육과정들보다 최대한 보장해준다. 학생을 중심으로 학교와 교육청, 마을 교육 자원들이 협력적 관계(Co-agency)를 통해 교육과정으로 만들어질 수 있는 기준을 최대한 보장해주는 국가 교육과정인 것이다. 아래 그림은 협력적 관계를 통해 만들어지는 교육생태계 구축과 이에 기반해 교사 주도성을 최대한 발휘할 수 있는 교육과정을 표현한 것이다.

Co-agency에 기반한 교사 주도성을 강화하는 교육과정

현재 학교 현장에서 학교 자율시간을 활용하여 교육과정을 실천하고 있는 지역들의 실태 분석을 바탕으로 학교 자율시간의 의미와 교육적 의의를 제시하였다. 그리고 교사교육과정 관점에서 학교 자율시간과의 관련성을 분석하고 교사 교육과정을 더욱 확장할 수 있는 방안들을 제시하였다.

2
Part

학교 자율시간으로
만드는 교사 교육과정

FREE 학교자율시간

깊이 있는 학습

학교와 교사에게 공간을 許하다

우리나라 초·중학교 학생들은 아래 표에 해당하는 시수로 1년간 190일 이상 학교에 나와 수업을 받는다.

초·중학교 총 수업 시수

초등학교	1~2학년군	3~4학년군	5~6학년군
	1,744	1,972	2,176
중학교	1~3학년		
	3,366		

1년 평균 약 1,000시간이 학생의 배움과 성장을 위해 배당되어 있다. 그런데 이 시간이 온전히 학생의 배움과 성장을 위해 사용되고 있을까?

그렇지 않다. 이 시간의 주인은 따로 있다. 우선 교과 수업이 전체 시수의 약 90%를 차지한다. 각 교과를 들여다보면 교과별로 전통적 내용체계와 수많은 성취기준, 교과서의 빼곡한 차시들로 교사와 학생들이 비집고 들어갈 틈이 없다.

그리고 연간 102시간이 창의적 체험활동(창체)이라는 이름으로 주어진다. 이름 그대로 학생들의 창의적인 체험활동을 위해 사용하라고 허락된 시간이다. 그런데 이 시간의 주인도 따로 있다. 창의적 체험활동은 법정 이수시간과 7대 안전교육, 범교과 교육, 각종 행사들이 빼곡하게 차지한다. 그리고 교육과정 운영 중 원래 계획에 없었던 각종 외부 교육 프로그램들이 창체 시수에 비집고 들어온다. 이로 인하여 "건전하고 다양한 활동에 자발적으로 참여하여, 나눔과 배려를 실천하고 개인의 소질과 잠재력을 계발하며, 창의적인 삶의 태도와 공동체 의식을 함양한다."는 창의적 체험활동의 목표는 교육과정 문서상의 보기 좋은 문구로만 남게 된다.

이와 같이 지금까지는 학교의 주인인 교사와 학생이 진짜 주인이 되는 시간을 허락하지 않았다. 학교와 상관없는 외부자들에 의해 철저히 계획된 시간대로 수동적으로 따를 수밖에 없었다. 그러나 이제 교사와

교과, 창체, 학교 자율시간으로 구성된 교육과정

교과 국, 수, 사, 과, 음, 미, 체, 도, 영, 실	FREE 학교 자율시간	창체

학생이 주인이 될 수 있는 새로운 공간이 허락되었다.

2022 개정 교육과정인 국가 교육과정에서 '학교 자율시간'이라는 새로운 공간을 제시한 것이다. 이 시간은 의무시수, 성취기준, 교과서 등에서 자유로운 새하얀 도화지 같은 공간이다.

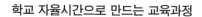

학교 자율시간으로 만드는 교육과정

학교 자율시간은 교사가 주도적으로 학생들을 주제로 무한의 그림 소재를 활용하여 온전히 그려낼 수 있는 교육과정의 새로운 공간이다. 이는 교사들에게 교육과정 설계자라는 새로운 역할을 부여하며 학교 교육을 '학교 외부자'가 아닌 '학교 내부자'가 설계하는 출발점이 될 것이다.

교과와 창의적 체험활동으로 이루어진 현행 교육과정 편제는 교사가 교육과정 문해력에 의하여 학생 중심의 교육과정을 만들어내고자 하는 적극적 실천의지가 없다면, 주어진 교육과정을 수동적으로 받아들이게 한다. 수동적으로 받아들여 실행하는 교육과정은 학생들에게 그대로 전달되어 교사와 학생이 주인이 되는 교육과정을 만드는 데 한계점으로 작용한다.

2022 개정 교육과정이 만들어지는 과정에 교육과정에 대한 분권화·자율화 요구가 지속적으로 있어왔다. 이를 적극 반영하여 총론에 새롭게 도입된 것이 학교 자율시간이다. 학교 자율시간을 통하여 학교는 학생들에게 꼭 필요한 교육과정을 주도적으로 생산해낼 수 있다. 이는 학생들을 주도적인 사람으로 만들어낸다는 2022 개정 교육과정의 전체 비전을 실현하기 위해서 꼭 필요한 시간이다.

교사 교육과정이란
무엇인가?

"교사가 학생의 삶을 중심으로 국가, 지역, 학교 수준 교육과정을 공동체성에 기반하여 적극적으로 해석하고 학생의 성장 발달을 촉진하도록 편성·운영하는 교육과정"_경기도교육청

"교원이 교육과정 문해력을 바탕으로 학생의 삶을 중심에 두고 국가, 지역, 학교 교육과정의 기반 위에 학교공동체의 철학을 담아 계획하고 실천하면서 만들어가는 교육과정"_전라북도교육청

"교사 교육과정은 국가·지역 교육과정 및 학교 교육과정의 비전과 요구 등을 기반으로 학급·학생의 상황과 특성, 교사의 철학과 가치를 반영하여 설계하고 학생과 함께 실천해나가는 교육과정이다."_인천광역시교육청

"교사 교육과정은 국가·지역 수준의 교육과정을 기준으로 학교 교육과정에서 제시하는 요구 및 교육환경 등을 반영하여 학급(학년)별로 편성·운영하는 실천 중심 교육과정"_경상남도교육청

교사 교육과정은 학문적 용어가 아니라 현장에서 만들어지고 강조되는 용어이다. 각 시도교육청의 교사 교육과정 정의는 진술 용어와 표현에는 차이가 있지만 종합해보면 "국가·지역·학교 교육과정의 기반 위에 학생과 교사의 철학을 담아낸 실천 중심 교육과정"이라고 정리할 수 있다.

한편 각 수준의 교육과정을 자세히 들여다보면 각각의 특징과 역할이 있다. 먼저 교육부에서는 공통적, 일반적 '기준'을 국가 교육과정으로 고시한다. 이를 바탕으로 시도교육청에서는 지역별 특성과 역사, 전통, 자연, 산업, 사회, 문화 및 주민·학부모의 요구, 의견 등을 충분히 고려하여 '지역 교육과정' 및 '편성·운영 지침'으로 교육과정 운영의 틀을 잡는다. 이렇게 국가와 지역 교육과정이 마련되면 이를 기반으로 학교의 실정 및 학생의 실태, 학교 환경, 교원 실태를 반영하여 학교 교육과정이 만들어진다. 마지막으로 학교 교육과정의 학교 교육목표 및 해당 학년·학급의 교육목표를 반영한 시수 편제 및 교육과정 재구성 방향, 학교 자율시간 편성, 실제 학생들에게 맞는 수업과 평가 장면을 고려하여 교사 교육과정이 만들어지는 것이다. 이러한 절차에 의하여 만들어진 교사 교육과정이 수업과 평가 장면에서 실행되면 국가·지역·학교·교사 수준에서 계획된 교육목표들을 실제 교육과정에서 확인할 수 있게 된다.

하지만 학교 현장은 이러한 이상적인 교육과정 운영 흐름을 따르지 못하는 경우가 대부분이다. 현실은 국가 교육과정에 의하여 개발된 교과서가 교실까지 그대로 들어온다.

교과서에 의한 교육과정 운영

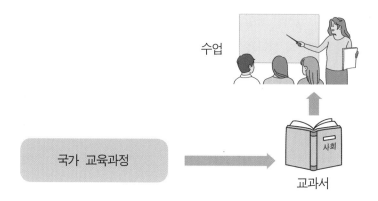

지역과 학교 수준의 교육과정은 문서로만 그 역할을 하고 교과서의 쪽수에 의한 진도표가 중심이 된 교과서 교육과정이 최종 단계의 교육과정이 되는 것이다. 이에 따라 교과서가 수업으로 실행되고 교과서의 지식이 평가되는 교육과정이 만들어지는 것이다.

물론 최근 교육과정 재구성 흐름에 의하여 지역과 학교, 학급의 특성을 반영한 학교와 학급 교육과정이 만들어지는 경우도 많다. 그러나 이 역시 자세히 들여다보면 종이에만 존재하는 계획으로 끝나는 경우가 대부분이다. 교육청에서 강조하고 학교에서 결재를 받아야 하기 때문에 문서로 학교와 학급의 목표를 만들고 교육과정 재구성을 하고 학교와 학급 교육과정이라는 결과물을 만들어낼 뿐이다. 이렇게 만들어진 학교와 학급 교육과정은 결재를 받는 자신의 역할을 다하고 나면 교실 한구석 캐

비닛 속이나 책꽂이에 꽂힌 채 잊혀진다. 결국 실제 수업에서는 학급 교육과정에 의해 재구성된 교육활동 계획이 아닌 교과서가 그대로 사용되고, 그렇게 교과서 속 파편화된 지식들이 생성되는 교과서 교육과정이 실행된다.

이러한 실태를 반성하며 만들어진 정책이 바로 교사 교육과정이다. 교사 교육과정은 아래 그림의 절차에 따라 만들고 실행되고 생성된 교육과정을 의미한다. 이 과정에서 중요한 포인트는 3가지이다.

교사 교육과정 실행 절차

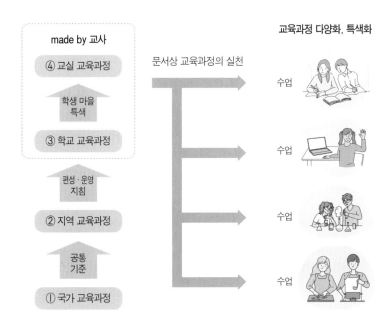

첫째, 학교 수준 교육과정을 교육과정 담당자 혹은 관리자 중심으로 만드는지, 아니면 모든 교사가 참여하여 만드는지이다. 당연히 모든 교사가 참여하여 만든 학교 교육과정이 교실 수준 교육과정을 교사 교육과정으로 만드는 밑바탕이 된다. 둘째, 이렇게 만든 교육과정이 결재 용도로만 역할을 하고 끝나는 것이 아니라 실제 수업으로 실행될 수 있는가이다. 학교와 교실 수준에서 만들어진 교육과정이 실제 수업으로 연결되어야 교사 교육과정이 될 수 있다. 셋째, 첫째와 둘째 포인트의 결과 수업의 다양성이라는 결과물이 만들어지는가의 여부이다. 교사 주도하에 만들어진 교육과정이 실제 수업으로 실천된다면, 수업의 결과물이 학생의 특성이나 교사의 철학에 의하여 다양화되고 특색화되는 것은 당연한 일이기 때문이다.

위의 내용을 반영하면 교사 교육과정은 다음과 같이 정의할 수 있다.

"국가 교육과정을 기준으로 지역 교육과정의 편성·운영 지침을 반영하여 교육공동체가 함께 만든 학교 교육과정을 기반으로, 교사의 철학과 학생의 특성을 반영하여 만들고 실천한 교육과정"

교사 교육과정에는 학교 자율시간을 활용한 교육과정도 포함될 수 있다. 학교 자율시간 활용 교육과정 또한 국가와 지역 교육과정 편성·운영 지침에 의거하여 교육공동체가 함께 만들고 실천하는 교육과정이기 때문이다.

학교 자율시간과
교사 교육과정의 관계

학교 자율시간을 활용한 교육과정은 교사 교육과정의 다양한 운영 유형 중 한 가지이다. 이 외에 성취기준을 기반으로 한 프로젝트 교육과정 설계, 주제 중심 교육과정 운영, 교과 단원 재구성 등도 모두 교사 교육과정 운영 유형들이다.

그러나 학교 자율시간은 단순히 교사 교육과정을 운영하는 여러 방법 중 하나가 아니다. 어쩌면 교사 교육과정을 실현하는 가장 강력한 방법이라고 볼 수 있다. 학교 자율시간을 설정하고 이 시간을 위한 교육과정을 수립하는 일련의 과정 자체가 교사 교육과정의 모든 것이 종합되어 이루어지기 때문이다. 먼저 학교 자율시간을 도출하기 위하여 교육과정 편성·운영 기준에 의거해 교과 시수를 재편성한다. 이렇게 확보된 학교 자율시간의 운영을 위하여 학교만의 성취기준 및 교과 내용체계 계발이

학교 자율시간과 교사 교육과정의 관계

이루어진다. 이후 유사 성취기준을 통합하거나 성취기준을 수정·보완하여 재구조화하고, 교과서 차시를 성취기준에 기반하여 재구성하는 절차가 이루어진다. 즉, 학교 자율시간을 운영하는 것은 교육과정 재구성과 관련된 모든 과정이 종합적으로 어우러져 이루어지는 것이다.

학교 자율시간은 또한 교사 교육과정의 영역을 확장해준다. 국가에서 주어진 교과와 성취기준이라는 테두리 안에서는 교사와 학생을 위한 교육과정 구성에 한계가 있다. 학교 자율시간은 교과와 성취기준에서 자유롭기 때문에 교사 교육과정을 아이들에게 맞춘 '학생 중심 교육과정'이 되도록 할 수 있다. 교과와 성취기준에서 벗어나 학생들에게 꼭 필요한, 교사의 교육철학에 따라 꼭 하고 싶은 교육을 자유롭게 운영할 수 있는 것이다. 그리고 교사 교육과정을 학생들이 살고 있는 마을의 특성을 살린 '마을 교육과정'으로 만들 수도 있다. 지자체의 교육 프로그램과 연계하여 교과서에는 없지만 학습한 내용이 실제 학생들의 생활 공간에서 활용되는 살아있는 교육을 할 수 있다. 마을이 교육의 무대가 되는 것이다.

국가 교육과정 개정은 수시로 이루어질 수 없기 때문에 빠르게 변화하는 시대상을 모두 담아낼 수 없다. 코로나19와 같은 예상치 못한 전 세계적인 이슈도 교육과정에 즉각적으로 반영할 수 없다. 따라서 급속도로 변화하는 시대상에 맞는 교육과정을 운영하기 위해서는 새로운 것을 담아낼 수 있는 공간이 필요하다. 이 공간이 바로 학교 자율시간이다. 학교 자율시간을 활용하여 현시대에 필요한 교육 이슈를 교사와 학생이 함께 반영해간다면, 미래를 바라만 보는 교육과정이 아닌 미래가 현실이 되는 교사 교육과정이 가능할 것이다.

이처럼 학교 자율시간은 교사 교육과정을 구현하기 위한 동력으로 작용할 수 있다.

학교 자율시간과 교사 교육과정

교사 교육과정

학교 자율시간

학생 중심 교육과정

마을 교육과정

미래 교육과정

학교 자율시간을 활용한
교육과정의 현주소

학교 자율시간과 같이 새로운 영역을 편성하여 교육과정을 운영하는 방식은 현재 경기도의 '학교자율과정', 전라북도의 '학교교과목', 충청북도의 '자율탐구과정', 충청남도의 '학교자율특색과정', 인천의 '학생 중심 자율교육과정' 등 여러 가지 이름으로 지역 수준 교육과정에서 운영되고 있다. 이 책에서는 '학교자율 교육과정'이라고 통칭하겠다.

이들 교육청에서 운영하는 학교자율 교육과정의 특징은 교과융합, 프로젝트, 마을 연계 교육 등 학생 실태를 반영한 학교만의 자율적 교육과정 운영 방식을 강조한다는 점이다. 특히 전라북도교육청의 '학교교과목'은 교과목 설정이라는 행정적 절차가 뒷받침되는 방식으로 다른 학교자율 교육과정 방식보다 학교 교육과정의 자율화와 분권화가 더욱 강화된 운영 방식이다. 2022 개정 교육과정 고시 이전부터 각 지역에서 운영해온 학교자율 교육과정 운영 방식을 다음과 같이 살펴보았다.

경기도교육청–학교자율과정

경기도교육청은 2021년 고시된 경기도 교육과정에서 '학교자율과정'이라는 명칭으로 학교 자율시간을 보장해주었다. 학교자율과정 관련 경기도 교육과정 총론은 다음과 같다.

1. 기본사항
나. 학교는 학생이 배움의 주체가 되는 교육과정을 운영하기 위하여 교과(군)와 창의적 체험활동 시수를 활용한 '학교자율과정'을 편성할 수 있다.
다. 학교는 학교자율과정 운영을 위한 교과군 내 시수 조정, 성취기준 활용·재구조화·개발, 교수·학습 및 평가 방법 설계·운영에 대한 자율권과 재량권을 가진다.

2. 초등학교
가. 편제와 시간 배당 기준
1) 편제
　가) 초등학교 교육과정은 교과(군)와 창의적 체험활동을 기본으로 편성하며, 학교 여건에 따라 학교자율과정을 추가로 편성할 수 있다.
나. 교육과정 편성·운영 기준

5) 학교는 학생이 지성, 감성, 시민성을 조화롭게 갖추어 삶을 개척할 수 있는 힘을 기를 수 있도록 학교자율과정을 편성·운영할 수 있다.

　가) 학교자율과정은 교과(군)별 기준 수업 시수의 20% 범위 내에서 감축한 시수를 활용하여 창의적으로 편성·운영한다. 단, 체육, 예술(음악/미술) 교과 시수를 활용할 경우 해당 교과와 연계된 활동으로 운영한다.

　나) 학교자율과정은 창의적 체험활동과 연계하여 편성·운영할 수 있으며, 학생 주도의 다양한 활동이 이루어질 수 있도록 운영한다.

　다) 학교자율과정은 교육공동체의 일원인 학생이 배움의 주체로서 배움의 기쁨을 누리며, 배움을 통해 더불어 성장할 수 있도록 교과융합활동, 마을과 연계한 교육활동, 학생 주도 주제별 프로젝트 활동 등으로 편성·운영한다.

경기도교육청은 2022학년도 초등학교 교육과정 편성 안내에서 학교자율과정에 대하여 다음과 같이 안내하고 있다.

　– 교사가 학교교육공동체의 요구와 필요를 반영하여 시수 감축 및 연계를 통해 자율적으로 편성·운영하는 교육과정

　– 학교자율과정은 기존의 교과 프로젝트나 창의적 체험활동과는 다른 별개의 개념이 아닌, 이를 포괄하고 확장 지원하는 개념임

　– 기존 교과 프로젝트나 창의적 체험활동 운영에 있어 시수, 진도, 성취기준 등으로 인한 제약으로 인해 다양하고 창의적인 운영에 한계를 느끼는 경우 이를 극복하도록 지원하고 보장해주는 장치임

　– 교육과정 자율성을 바탕으로 자유롭게 긴 호흡의 시수를 확보하거나

무학년제 성취기준 운영, 학생주도 성취기준 개발, 창의적 체험활동(자동 봉진)의 자율적 확장 운영 등 다양하고 창의적인 교육과정 개발을 지원하고, 이를 개발하는 교사의 자율성을 보장해준다는 데 큰 의의가 있음

경기도는 고등학교에서도 학교 자율시간 운영을 보장하고 있다. 교과 1단위 17회 중 1회를 학교자율과정으로 운영하도록 한 것이다. 교과를 조정하여 학교자율과정을 운영할 경우, 학교가 해당 교과 또는 타 교과 융합형의 프로젝트 수업, 보충 수업, 동아리 활동 연계 수업, 과제 탐구 수업 등 자율적으로 교육과정을 운영할 수 있다(경기도교육청, 2021).

충청북도교육청 – 자율탐구과정

충청북도교육청은 2021년 고시된 충청북도 교육과정에서 '자율탐구 과정'이라는 명칭으로 학교 자율시간을 보장해주었다. 자율탐구과정 관련 충청북도 교육과정은 다음과 같다.

1. 기본 사항
가. 학교 교육과정 편성·운영의 기준

4) 초등학교와 중학교는 학생의 삶과 앎이 연계되는 교육과정 편성·운영을 통하여 학교 교육과정 자율화·다양화를 이룰 수 있도록 교과(군)와 창의적 체험활동 시수를 활용한 '자율탐구과정'을 신설할 수 있다.

나. 학교 교육과정 편성·운영의 실제

2) 초등학교와 중학교는 학생의 성장 발달을 지원하고 지역사회의 특성을 반영하여 '자율탐구과정'을 편성·운영할 수 있다. 학교는 '자율탐구과정'을 운영하기 위한 교과(군)내 시수 조정, 성취기준 활용, 재구조화, 개발, 교수 학습 및 평가 방법 설계·운영에 대한 자율권과 재량권을 가진다.

4. 중학교

다. 교육과정 편성·운영 기준

5) 학교는 학생의 성장 발달을 지원하고 지역사회의 특성을 반영하기 위해 자율탐구과정을 창의적으로 편성·운영할 수 있다.

가) 교과(군)와 창의적 체험활동 시수를 활용하여 편성할 수 있다.

나) 교과(군) 시수 활용 시 20% 범위 내에서 편성·운영할 수 있다.

다) 자율탐구과정으로 삶과 연계한 민주 시민교육, 충북교육공동체헌장 기반 주제중심수업, 문해력 교육, 마을 연계 교육과정, 교과 융합형의 프로젝트 수업, 동아리 활동 연계 수업, 과제 탐구 수업, 초록학교와 연계한 생태교육 등 자율적으로 교육과정을 운영할 수 있다.

충청남도교육청 – 학교자율특색과정

　　충청남도교육청은 2022 충남 참학력 초등학교·중학교 교육과정에서 '학교자율특색과정'이라는 이름으로 학교 자율시간을 보장해주었다. 학교자율특색과정 관련 충청남도 교육과정은 다음과 같다.

7) 학교는 교육과정 운영의 자율성과 다양성을 확대하기 위해 '학교자율특색 과정'을 편성·운영할 수 있다.

　가) '학교자율특색과정'은 체육, 예술(음악/미술) 교과를 제외한 교과(군)별 기준 수업 시수의 20% 범위 내에서 감축하여 확보하고 교과 및 창의적 체험 활동과 연계하여 편성·운영할 수 있다.

　나) '학교자율특색과정'은 교육공동체와의 협의를 바탕으로 단위 학교의 특색 있는 교육과정을 창의적으로 편성·운영할 수 있다.

　다) '학교자율특색과정'은 교과 융합 활동, 마을 연계 교육활동, 학생 주도 프로젝트 활동, 동아리 연계 활동 등으로 운영할 수 있다.

충청남도교육청은 학교자율특색과정의 정의와 편성·운영 시 고려해야 할 사항을 다음과 같이 제시하였다.

- 학교자율특색과정이란?

- 학교자율특색과정은 학교 현장의 교육과정 편성·운영 자율권을 확대하여 학생들이 학습에 흥미를 가지고 주도적으로 배움을 추구하여 참학력을 신장시킬 수 있는 방안입니다.

- 학교자율특색과정은 체육, 예술(음악/미술) 교과를 제외한 각 교과(군)별 기준 수업 시수의 20% 범위 내에서 감축하여 확보하고 교과 및 창의적 체험활동과 연계하여 편성·운영할 수 있습니다.

- 학교자율특색과정은 학교의 실태, 교육공동체의 요구와 필요에 따라 탄

력적으로 교육과정을 편성할 수 있으며 기존 교과 및 창의적 체험활동을 넘어서는 우리 학교, 학년(학급)만의 특색있는 교육활동이라고 볼 수 있습니다.

- 학교자율특색과정은 교육공동체와의 협의를 바탕으로 교과 융합 활동, 마을과 연계한 교육활동, 학생 주도 프로젝트 활동, 동아리 연계 활동 등 단위 학교의 특색있는 교육과정을 창의적으로 편성·운영할 수 있습니다.
- 소규모 학교의 경우 무학년제로 운영하여 학생 주도 활동, 체험학습 등 대집단 활동을 강화할 수 있습니다.

– 학교자율특색과정 편성·운영 시 고려할 점

- 교과 및 창의적 체험활동과 학교자율특색과정을 통해 운영되는 학년군별 연간 수업 시수는 최소 기준 시수(학년군별 총 수업 시간 수와 교과(군) 소계) 이상을 이수할 수 있도록 편성·운영해야 합니다.
- 학교자율특색과정 운영에 필요한 시수를 감축한 교과(군)의 경우, 교육과정 재구성을 통해 모든 성취기준을 가르칠 수 있도록 해야 합니다.
- 학교자율특색과정 편성 목적이 잘 구현될 수 있도록 학교의 교육 여건을 고려하여 정일제, 격주제, 전일제, 집중제 등을 적절히 활용합니다.
- 현재 NEIS에서 학교자율특색과정을 별도로 편제할 수 없으므로 감축하거나 연계한 교과와 창의적 체험활동 시수로 편성합니다.
- 학교자율특색과정에 참여한 학생 활동 과정을 관찰하여 교과 또는 창의적 체험활동에 학생의 성장 모습과 변화 정도, 특기사항 등을 학교생활기록부에 기재합니다.

전라북도교육청—학교교과목

전라북도교육청은 2021년 고시된 전라북도 교육과정에서 '학교교과목'으로 학교 자율시간을 보장해주었다. 이는 학교 자체 교과목 개설 방식으로 타 지역과는 다른 차원의 교육과정 자율화 구현 방식이다. 전라북도 초등학교 교육과정 총론에서는 학교교과목을 이렇게 정의한다.

학교교과목이란?

단위 학교의 교사 교육과정 차원에서 교과와 범교과 영역을 포괄하여 지역과 학생의 실정에 맞게 학교 자체적으로 범위와 계열성을 갖추어 개설하는 교과목이다. 학교는 학교교과목을 주제에 따라 교과 내 또는 교과 간 통합으로 개발하여 실천할 수 있다. 주요 주제에는 마을, 언어, 수리, 사회탐구, 과학 탐구, 예술 및 신체 활동, 민주시민, 환경, 인권, 평등, 평화 등이 있다.

국가 교육과정의 교과(군)별 기준 수업 시수의 20% 범위 내에서 교과 시수를 감축하여 창의적으로 편성·운영할 수 있다. 단, 체육, 예술(음악/미술) 교과는 기준 수업 시수를 감축하여 편성·운영할 수 없다.

전라북도교육청은 교과목이라는 명칭을 사용하여 자율시간을 활용한 학교 자체 교육과정이 기존 교과들과 대등한 위상을 갖게 하였다. 실제 학교교과목을 실천하는 일부 학교는 학교교과목을 구현하기 위한 학교 교과서까지 만들어내고 있다. 전라북도교육청은 학교교과목을 다음 사항에 중점을 두고 편성·운영할 것을 강조한다.

1) 학교교과목은 다음과 같은 사항에 중점을 두고 편성·운영한다.

가) 학교교과목은 학교공동체의 합의된 철학과 가치를 바탕으로 한다.

나) 학교교과목은 학생의 삶을 중심으로 교과와 범교과 영역을 포괄하여 학생·교사·학부모의 요구와 필요를 반영하여 구성한다.

다) 학교교과목은 학생의 발달단계에 알맞은 범위와 계열성을 갖춘다.

라) 학교교과목 구성 체계는 국가 교육과정의 구성 체계를 참조하여 구성할 수 있으며, 학교교과목의 필요성, 목표, 내용 체계, 활동 내용에 따라 달라질 수 있다.

마) 학교교과목은 학생의 실생활과 연결되도록 하며, 지역사회의 교육 자원을 활용할 수 있다.

바) 학교교과목은 교사 교육과정을 기반으로 하며, 교육과정의 체계를 갖추어 학교교육과정위원회의 검토와 학교운영위원회 심의를 거쳐 학교 교육과정에 편제한다.

사) 학교교과목은 학교공동체의 필요와 요구에 따라 지속적으로 수정·보완할 수 있다.

아) 학교교과목의 시간 확보는 다음과 같이 구현할 수 있다.

구분 (학년군)	학교 교과목 최대 편성 가능 시수	교과(군)별 감축 가능 시수					창의적 체험 활동
		국어	수학	사회/ 도덕	과학/ 실과	영어	
1~2	140	0 ~ 89	0 ~ 51	-	-	-	336
3~4	256	0 ~ 81	0 ~ 54	0 ~ 54	0 ~ 40	0 ~ 27	204
5~6	297	0 ~ 81	0 ~ 54	0 ~ 54	0 ~ 68	0 ~ 40	204
비고	① 위는 국가교육과정의 교과(군)에서 2개 학년군 동안 감축하여 확보할 수 있는 시수의 범위를 보여주며, 이 범위 내에서 학교교과목으로 편성·운영할 수 있다. ② 학교교과목은 학교의 특성에 따라 마을, 언어, 수리, 사회탐구, 과학탐구, 예술 및 신체 활동, 민주시민, 환경, 인권, 평등, 평화 등의 주제를 다룰 수 있다.						

2) 학교교과목은 다음과 같은 유형이 있으며, 학교운영위원회의 심의를 받아 학교교과목으로 편제하여 운영할 수 있다.

가) 학교에서 지역, 학교, 학생의 실정에 맞게 개발한 교과목으로 단위 학교 내에서 활용할 수 있다.

나) 가)에서 개발한 교과목 중에서 일정한 절차에 따라 교육감의 승인을 받은 교과목으로 도내 모든 초등학교에서 필요에 따라 활용할 수 있다.

다) 학교의 요구와 필요에 의해 전라북도교육청에서 개발한 교과목으로 도내 모든 초등학교에서 필요에 따라 활용할 수 있다.

2. 학교의 교육과정 편성·운영

나. 편성·운영의 기준

12) 학교교과목은 다음과 같이 편성·운영한다.

가) 학교교과목은 학교의 준비 상황과 실정에 따라 학교가 자율적으로 편성·운영한다.

나) 학교교과목은 주제에 따라 교과 내 또는 교과 간 통합으로 개발하여 편성·운영한다.

다) 학교교과목은 국가 교육과정의 공통(기본) 교과(군)의 성취기준을 재구조화(수정·보완·추가·통합·압축)하거나 개발하여 사용할 수 있다. 단, 성취기준의 내용 요소 일부가 임의로 삭제되지 않도록 유의해야 하며, 일부 내용 요소를 추가해야 하는 경우에는 학생의 학습 및 평가 부담이 가중되지 않도록 학년(군), 학교급 및 교과(군) 간의 연계성을 충분히 고려한다.

라) 학교교과목은 학년을 통합하여 운영할 수 있다. 학교는 필요에 따라 2개 학년 이상으로 학교교과목에 편제하여 운영할 수 있으며, 이 경우 학교운영위원회의 심의를 받아야 한다.

마) 학교는 국정, 검·인정 교과서에서 제시한 공통(기본) 교과(군)의 내용을 지역과 학생 실정에 맞게 재구성(편찬)하여 활용할 수 있다. 또한, 학교에서 선정·개발한 학습 자료, 전라북도교육청에서 인정한 학습 자료를 활용할 수 있다.

전라북도교육청의 학교교과목은 교육과정 자율화·분권화의 궁극적 지향점이다. 학교 자체 교과목 개발은 단순 프로그램이나 프로젝트 개발의 차원을 넘어선 학생 맞춤형 교육을 위한 행정적 선언의 의미가 있다.

앞에서 소개한 학교자율 교육과정을 운영하는 지역의 교육청들은 교육부가 제시한 초등학교 교육과정 총론의 교육과정 편성·운영 기준의 다음 항목을 근거로 하였다.

> 나. 교육과정 편성·운영 기준
> 다) 학교는 학교의 특성, 학생·교사·학부모의 요구 및 필요에 따라 자율적으로 교과(군)별 및 창의적 체험활동의 20% 범위 내에서 시수를 증감하여 편성·운영할 수 있다. 단, 체육, 예술(음악/미술) 교과는 기준 수업 시수를 감축하여 편성·운영할 수 없다.

이제까지는 현행 교육과정 중 위 문구를 일반적으로 "A라는 교과에서 20%를 감축했으면, B라는 교과에서 20%를 증가하는 방식"으로 전체 교과 내에서 시수 증감의 합을 '0'으로 맞추는 방식으로 해석하였다.

그러나 앞서 소개한 교육청들은 이를 적극 해석하여 '학교자율 교육과정'이라는 새로운 영역을 만들어냈다. 예를 들면 초등학교 3학년 시수 편제 설정을 다음의 표와 같이 전체 교과 기준 시수 884시간 중 음악, 미술, 체육을 제외한 교과에서 총 127시간을 감축하고 이 시간을 학교자율 교육과정을 위한 시수로 편성하여 운영하는 방식이다.

초등학교 3학년 시수 편제 설정

구 분		초등 3학년 기준 시수	감축 가능 시수
교과 (군)	국어	204	-40
	사회/도덕	136	-27
	수학	136	-27
	과학/실과	102	-20
	체육	102	
	예술(음악/미술)	136	
	영어	68	-13
	소계	884	127 (학교자율 교육과정을 위한 시수)
창의적 체험활동		102	0
학년군별 총 수업 시간 수		986	

이러한 학교자율 교육과정을 편성하는 방식은 교육과정 편성·운영 기준에서 "특정 교과에서 감축한 시수는 다른 교과에서 증가해야 한다." 는 세부 기준이 없다는 점을 적극 활용한 방식이다.

2022 개정 교육과정에 고시된 학교 자율시간은 과목이나 활동 개설로 명시해두었기 때문에 지역교육청 단위로 운영하고 있는 학교교과목 등 학교자율 교육과정 운영 방식을 모두 담아낼 수 있다. 그러나 학교 자율 시간을 편성해내는 방법에는 차이가 있다. 시도교육청 차원에서 운영하 였던 자율시간 편성 방법은 2022 개정 교육과정이 고시되기 이전의 일

이다. 따라서 교과별 20% 증감 편성·운영 기준을 근거로 운영하였기 때문에 위에서 언급한 바와 같이 120시간이 넘는 비교적 많은 자율시간을 편성해낼 수 있다.

다만 이렇게 많은 시간을 학교자율 교육과정을 위한 시수로 편성할 경우 교과의 기초와 기본을 형성하는 데에 어려움이 생길 수도 있다. 총론의 학교급별 교육목표에서 초등은 기초학습능력, 중등은 기본학습능력이 제시되어 있다. 즉 학교별 실태를 반영한 주제 교육도 중요하지만, 각 교과의 기초와 기본을 갖추는 것도 중요하다. 따라서 교과를 감축하는 시간이 과할 경우 일부 학생은 학습의 기초와 기본을 형성하기 어려울 수도 있음을 기억해야 한다. 또한 학교별 자율시간의 편차가 심해질 경우 교육격차도 발생할 수 있다. 또 학교 자율시간은 새로운 교육내용을 생성해내야 하므로 이를 운영할 역량이 부족한 학교에는 큰 부담으로 작용할 수 있다.

따라서 2022 개정 교육과정 총론에 제시된 16+1에 의한 학교 자율시간은 교과의 기초·기본 학습능력을 충실히 갖출 수 있고, 학교에는 큰 부담이 되지 않으며 기존 시도교육청 단위로 이루어지던 학교자율 교육과정 운영 방식을 모두 포괄해낼 수 있는 방식이라 할 수 있다.

주제 중심, 프로젝트
교육과정 재구성하고 다른 건가요?

학교 현장에서는 주제 중심 교육과정, 프로젝트 교육과정 등 다양한 방식의 교육과정 재구성을 실천해왔다. 그런데 학교 자율시간을 활용한 교육과정이 도입되면서 "그동안의 주제 중심 교육과정이나 프로젝트 교육과정하고는 다른 것인가? 새로운 정책인 양 이름만 바꾼 것이 아닌가?" 하는 의문이 제기되고 있다. 이러한 의문을 풀어내기 위해서는 우선 학교 자율시간을 활용한 교육과정을 운영하는 학교의 시수 구성을 확인해야 한다.

　학교 자율시간을 활용한 교육과정 운영 학교는 교과 교육과정, 학교 자율시간, 창체의 3가지 영역으로 편제가 설정된다. 총 시수는 크게 교과와 창체 시수로 구분하고, 기존 교과 시수 감축을 통하여 학교 자율시간 순수 시수를 만들어낸다. 그리고 학교 자율시간 주제와 연계된 교과

학교 자율시간을 활용한 교육과정 시수 구성

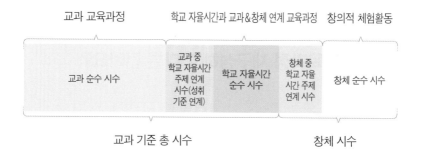

시수(자율 교육과정 주제가 생태일 경우 생태 관련 교과 성취기준으로 수업하는 시수)는 교과 중 학교 자율시간 주제 연계 시수로 설정한다. 창의적 체험활동은 학교 자율시간 주제와 연계하는 시수와 순수 창체 시수로 전체 102시간을 구성한다. 그래서 최종적으로는 기존 순수 교과 교육과정과 창의적 체험활동 2가지 영역과 학교 자율시간과 연계된 3가지 영역, 즉 순수 학교 자율시간 순수 시수, 교과 중 학교 자율시간 주제와 연계된 시수, 창체 중 학교 자율시간 주제와 연계된 시수까지 모두 5가지 유형으로 구성된다.

학교 자율시간을 활용한 교육과정 구성에는 다양한 설계 방식들이 혼재되어 사용된다. 학교자율 교육과정이 구현되기 위해서는 우선 기존 교과 교육과정의 성취기준 재구조화가 필요하다. 교과 기본 시수에서 자율 과정 운영을 위한 시수 감축을 하였기 때문에 줄어든 교과 시수에 교과 성취기준을 모두 담아내기 위해서는 통합 및 수정/보완 등의 성취기준 재구조화가 필요한 것이다. 교과 성취기준 중에는 학교 자율시간 주제와 연계하여 운영할 수 있는 성취기준(학교 자율시간 주제가 생태인 경우 생태와 관련된 과학 성취기준)이 있다. 이 성취기준에서 이루어지는 수업은 기존 교과 시수로 편제하되, 학교 자율시간과의 연계성을 높일 수 있는 내용으로 교과 성취기준을 재구조화할 수 있다.

성취기준 재구조화와 더불어 교육과정 재구성도 함께 이루어진다. 교과 기준 시수에서 감축이 이루어지기 때문에 교과 내, 단원 내 교육과정 재구성이 필수적이다. 기존 주제 중심 교육과정 재구성 방식으로 학교 자율시간 주제와 연계가 가능한 교과 성취기준을 연결고리로 삼으면 교과 교육과 학교 자율시간을 활용한 교육과정이 함께 이루어질 수 있다. 이는 아래 그림의 '교과 중 학교 자율시간 주제 연계 시수'에 해당한다.

학교 자율시간과 교육과정 재구성 간의 관계

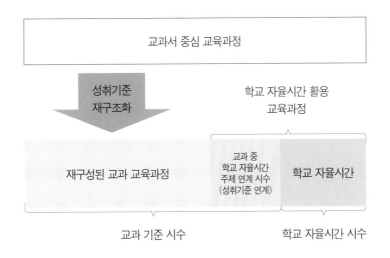

또한 교과 시수에 포함되지 않는 학교 자율시간 순수 시수를 활용한 교육과정에서는 교육과정 생성이 이루어진다. 학생들에게 필요한 교육 주제를 위한 구체적 교육활동이나 과목을 위해 내용체계나 성취기준을 생성한다.

학교 자율시간 도출을 위한 성취기준 재구조화

감축된 교과 시수에 맞는 교과 교육과정을 위한 교과 내 · 교과 간 교육과정 재구성

교과 성취기준 중 학교 자율시간 주제와 관련된 교육과정 운영을 위한 주제 중심 교육과정 재구성

학교 자율시간 교육과정 구성을 위한 내용체계 및 성취기준 생성

위의 표와 같이 학교 자율시간을 활용한 교육과정 실천을 위해서는 기존 교육과정 재구성의 모든 방법들을 종합적으로 적재적소에 활용할 수 있어야 한다.

학교 자율시간이 가진
양날의 검

학교 자율시간을 활용한 교육과정 운영 방식은 아직까지는 소수 정책 시범학교를 중심으로 시행되고 있다. 때문에 그 파급효과가 학교 현장에 어떤 영향을 미칠지 예단할 수 없다. 그러나 과거 사례를 반추해보면 학교 자율시간을 활용한 교육과정은 순기능과 함께 역기능도 나타날 수 있다.

과거 7차 교육과정에 '재량활동'이라는 이름의 학교 자율시간과 유사한 교육과정 운영 방식이 있었다. 학교 특색 교육을 위하여 1년 68시간의 재량활동 시간이 주어졌는데, 이 시간을 학생 맞춤형 교육이 아니라 시간 때우기 방식으로 운영하는 사례가 적지 않았다. 매주 1~2시간 한자 쓰기와 독서하기 등으로 시간을 때우는 교실을 쉽게 확인할 수 있었던 것이다. 물론 이러한 활동도 의미 있는 교육활동이지만 학생들 개개인의 특성에 맞는 맞춤형 교육 처방 관점에서 본다면 이보다 우선순위에 있는 교육 주제들이 여럿 있을 것이다. 결국 이러한 문제점들로 인하여 재량활동 시간은 일몰되었다.

학교 자율시간을 부여하는 근본적 이유는 다양한 특성과 교육적 요구(Needs)를 가진 아이들에게 꼭 필요한 교육, 즉 학생 중심 교육과정을 제공하기 위해서이다. 교과서가 정해주는 천편일률적인 교육내용으로는 학생 중심 교육과정이 이루어질 수 없기 때문에 시수 활용에 대한 권한을 학교와 교사에게 일정 부분 이양하고 이 시수를 위한 교육내용을 자율적으로 구성할 수 있도록 하는 것이 학교 자율시간 도입의 취지이다. 따라서 이 시간은 교육과정 분권화·자율화의 핵심으로 작용할 것이다.

학교 자율시간의 장점과 단점

학생 중심 교육과정
교육과정 자율화·분권화
교사, 교육과정 전달자 → 생산자

교사 과부하
교과 교육 부실화
교육과정 편차 발생

학교
자율
시간

교육과정 분권화·자율화는 교사들을 교과서와 교사용 지도서 전달자에서 학생들을 위한 교육과정 생산자로 환골탈태할 수 있도록 한다.

학교 자율시간을 활용한 교육과정 운영 방식이 순기능만 발휘할 수 있다면 진작부터 교육과정 운영방식으로 자리잡았을 것이다. 그렇지 못한 이유는 순기능만을 발휘하는 것이 쉽지 않기 때문이다. 학교 자율시간은 교과와 같은 전통적 학문 기반에 의하여 주어진 문서 중심 교육과정이 아닌 학생들을 위하여 교사가 직접 몸으로 부딪히며 만들어가야 하는 실행형 교육과정의 영역이다. 학교 자율시간이 의도한 순기능을 발휘하기 위해서는 교사들이 많은 시간과 노력을 투자해야 한다. 교육에 집중할 수 있는 시간이 확보된 학교에서 열정이 있는 교사가 운영하는 학교 자율시간은 학생들에게 의미 있는 시간이 될 것이다. 그렇지 않은 학교와 교사의 학교 자율시간은 오히려 교과서에 의한 수업보다 못한 부실한 시간으로 흘러갈 수도 있다. 즉 학교 자율시간은 학교 여건이나 교사의 실천의지 등에 의하여 교육편차를 야기할 수 있다.

또는 학교 자율시간을 과다하게 할당하여 프로젝트 교육 등 활동 중심 교육을 지나치게 많이 운영하는 것도 문제가 될 수 있다. 교과의 기초·기본을 충실히 갈고 닦아야 할 시기에 프로젝트 등 활동에만 편중하는 교육과정은 학생 개인의 초·중·고 전체 성장 과정을 보았을 때 이롭지 못할 수 있다. 이와 같이 학교 자율시간은 잘 쓰면 학생들에게 약이 될 수 있지만 잘못 쓰면 독이 될 수 있다.

반쪽짜리 자율

현행 학교 교육과정 편제와 시수는 NEIS(National Education Information System, 국가 교육 행정 정보 시스템)에 입력하여 운영한다. 2022 개정 교육과정이 고시되기 이전 시도교육청 교육과정 편성·운영 지침에 의하여 운영하던 학교자율 교육과정은 아직 국가 운영체제인 NEIS에 입력할 수 없다. 이로 인하여 NEIS 입력 시수와 실제 운영 시수가 다른, 문서 따로 실제 따로 교육과정을 운영해야 하는 어려움이 있었다.

그림과 같이 국어, 수학, 사회/도덕, 과학 교과 기본 시수에서 총 60시간을 감축하고 창체와 연계하여 학교 자율시간 68시간을 설정하여 운영하는 학교가 있다. 그러나 이를 NEIS에는 입력할 수 없기 때문에 NEIS에는 원래 감축 이전 교과로 입력하고 실제 68시간은 학교자율 교육과정으로 운영하는 이중장부를 만들어야 하는 불편함이 생긴다.

학교자율 교육과정의 실제 운영과 NEIS 입력

학교자율 교육과정 시수 68

| 20 | 10 | 20 | 10 | 8 |

NEIS 입력 시수	국어 204	수학 136	사회/도덕 136	과학 102	체육 102	음악/미술 136	영어 68	창체 102
	-20	-10	-20	-10				

| 184 | 126 | 116 | 92 | 실제 운영 시수 |

평가 또한 NEIS에 의하여 기록되기 때문에 이를 담아낼 공간이 없다. NEIS 교과 세부능력 및 특기사항에는 현행 국가 교육과정 교과(군)에 해당하는 교과만 입력할 수 있다. 이러한 이유로 일부 시도교육청에서는 자율시간에 이루어지는 활동과 유사한 교과의 세부능력 및 특기사항에 활동 사항을 입력(자율시간 중 토론활동이 이루어질 경우 국어 교과 세부능력 및 특기사항에 입력)하고, 창의적 체험활동과 연계하여 이루어질 경우에는 창의적 체험활동 특기사항에 입력하도록 안내한다.

이러한 현실적인 어려움 때문에 학교 자율시간보다는 창의적 체험활동을 창의적 체험활동답게 운영하는 것이 더 현실적이라는 의견도 존재한다. 이러한 견해를 가진 학교는 실제와 NEIS 입력 내용이 다른 비정

상적인 교육과정을 운영하는 것보다는 각종 행사나 법정 이수 교육을 교과와 연계 운영함으로써 창체를 창체답게 운영할 수 있는 시간을 최대한 확보하려 시도한다. 그리고 이렇게 확보된 창의적 체험활동 시간에 학생들을 위한 학교만의 교육과정을 운영하는 것이다. 교육부나 시도교육청 차원에서 7대 안전교육 및 각종 법정 이수, 범교과 주제를 교과 성취기준과 연계한 교육 자료를 다수 개발·보급하였기 때문에 이와 같은 교육과정 운영 방식도 가능하다.

학교 자율시간의 힘

학교 자율시간이 교육과정 자율화와 분권화의 대안으로 자리잡기 위해서는 앞에서 언급한 문제들이 보완되어야 한다. 하지만 학교 자율시간은 이미 학교 교육과 연계된 많은 것들을 변화시킬 수 있는 잠재적 힘을 지니고 있다.

첫째, 학교 자율시간은 학교가 학생 중심 교육을 한다는 교육공동체 모두의 '합의 선언문' 역할을 할 수 있다. 과거 교육과정 재구성은 학교 전체가 움직이기보다는 학년 혹은 학급 단위가 움직임으로써 실행되었다. 또한 교육과정 편제인 외형의 틀을 유지한 채 이루어지기 때문에 실천 여부가 교사의 의지에 많이 좌지우지되었다. 이에 반해 학교 자율시간은 교육과정의 틀을 학생 중심으로 바꾸는 것이다. 때문에 학교 교사 전체가 학교 자율시간 운영에 대한 제반 사항들을 함께 만들어가는 과정이 수반된다. 자율시간 도입에 대한 동의 여부, 동의 시 어떤 교과를 얼마만큼 감축하여 시간을 확보하고, 어떤 주제를 운영할지에 대한 전체 교사들과 학생, 학부모의 논의가 필요하다. 이러한 논의 과정을 통해 만든 학교 자율시간을 활용한 교육과정은 해당 학교 교육공동체가 함께 만든 일종의 '합의 선언문'인 셈이다. 때문에 실천 동력은 과거 교육과정 재구성보다는 훨씬 클 것이다.

둘째, 학교 자율시간은 학교자치를 구현하는 공간이어서 그 범위와 폭을 확장시킬 수 있다. 학교는 학생들의 배움과 성장을 위하여 존재하는 곳이다. 따라서 학생들의 배움과 성장을 위한 교육내용을 생산해낼 수 있는 권한이 필요하다. 이것이 바로 학교자치의 핵심이다. 그러나 1년에 약 1,000시간의 시수를 교과 교육과정 개발자들이 만든 교과서가 차지한다. 학교가 교육내용을 생산해낼 수 있는 창의적 체험활동 공간도 각종 안전교육 및 법정 이수 시수, 범교과 학습, 학교 행사가 차지한다. 아무리 학교가 자체적으로 무엇인가를 결정하고 만들어낼 수 있는 권한이 있어도 이를 구현할 시간이 없다면 학교자치는 문서상의 죽어 있는 문구에 불과할 것이다. 학교 자율시간은 아이들과 선생님만을 위한 시간적 공간을 만들어준다. 이 공간을 만들고 채우는 과정이 제대로 이뤄진다면 학교자치와 교육생태계 강화는 자동으로 따라올 것이다.

셋째, 학교 자율시간의 최종 종착점은 학교 교과목으로의 연결이다. 학교 자율시간을 활용한 교육과정을 운영하는 학교의 운영 결과물과 교육자료들은 학교만의 내용체계와 성취기준으로 연결되고 나아가 학교 교과서로 심화·발전될 수 있다. 이와 같은 성공사례들이 하나둘 모이고 일반화된다면 학교와 교사가 교육과정을 생산해낼 수 있는 권한과 시간이 더욱더 늘어날 것이다. 이는 결국 전문직으로서의 교사 위상 강화로도 연결될 수 있다.

교사들이 교육과정을 디자인할 때 기준으로 삼아야 할 국가 교육과정을 읽고 해석하는 데 도움이 될 수 있는 내용을 제시하였다. 이를 통하여 2022 개정 교육과정 총론과 각론에 대한 문해력을 높인다면 교사 주도성을 최대한 발휘하여 교육과정을 디자인할 수 있을 것이다. 3부 내용은 실제 2022 개정 교육과정 총론과 각론 문서와 함께 보면 2022 개정 교육과정에 대한 문해력이 높아질 것이다.

3

Part

2022 개정 교육과정 문해력 키우기

FREE 학교자율시간

깊이 있는 학습

2022 개정 교육과정, 무엇이 달라졌는가?

학교 자율시간을 활용한 교육과정을 디자인하기 전, 가장 상위 단계에서 기준으로 삼아야 하는 것이 국가 교육과정이다. 따라서 교육과정을 디자인하기 전 현행 2022 개정 교육과정에 대한 이해가 필요하다. 그런데 교육과정은 왜 바뀌는 것일까? 교육과정이 개정되는 이유는 2가지이다.

첫째, 시대가 변하기 때문이다. 교육과정은 학생들에게 어떤 내용들을 어떤 방식으로 교육할 것인가에 대한 결정의 집합체이다. 교육내용과 방법은 사회변화 및 시대적 요구사항을 반영해야 한다. 현재 학생들이 살고 있는 시대는 2015 개정 교육과정이 만들어질 당시와 비교하여 AI·디지털 전환, 코로나 팬데믹, 기후·생태위기 등 새로운 교육내용과 방법을 필요로 하는 환경에 처해 있다. 이러한 시대상을 반영하여 지역과 학교, 교사들의 교육과정에 새로운 기준을 제시하기 위하여 국가 교

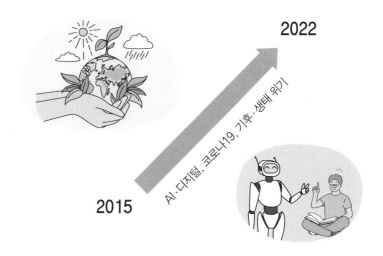

육과정 개정이 필요한 것이다.

둘째, 현행 교육과정의 문제점을 개선하기 위해서이다. 이전까지의 국가 교육과정은 교육 주체들의 다양한 교육적 요구를 반영한 학생 중심 교육과정을 설계하는 데 한계가 있었다. 이 한계를 극복하기 위해 지역 교육청·학교·교사 등 각 교육 주체들은 교육과정 편성·운영에 대한 권한을 끊임없이 요구했다. 더불어 각 교과 교육학자들은 변화하는 시대상에 맞는 교과 교육내용과 방법을 반영하기 위해서, 그리고 이전 교과 교육과정에서의 문제점들을 보완하기 위해서 개정된 교과 교육과정의 필요성을 주장했다.

이러한 시대적 변화를 뒷받침하고, 교육과 관련된 각계각층의 요구를 수용하기 위하여 2022 개정 교육과정은 디지털 전환, 기후환경 변화 및 학령인구 감소 등에 대응하여 미래사회에 필요한 역량을 함양하고 학습자 맞춤형 교육을 강화할 수 있도록 미래교육 비전을 정립하는 것을 개정 추진 배경으로 두었다. 그 결과 미래사회가 요구하는 기초소양 및 역량 함양 교육과정, 삶을 이끌어가는 주도성을 키우는 학습자 맞춤형 교육체제 구축, 지역과 학교 교육과정 자율성 확대 및 책임교육 구현, 디지털 교육환경 변화에 대응하는 교수·학습 및 평가체제 구축을 개정 중점 과제로 선정하였다.

인간상, 핵심역량, 기초소양

2022 개정 교육과정은 학생들이 학습의 기초인 언어·수리·디지털 '기초소양'을 바탕으로 미래사회가 요구하는 '핵심역량'을 함양하여 포용성과 창의성을 갖춘 주도적인 사람으로 성장하는 데 중점을 두었다.

인간상

2022 개정 교육과정은 미래사회가 요구하는 핵심역량을 함양하여 포용성과 창의성을 갖춘 주도적인 사람으로 성장하는 데에 중점을 둔다. 이를 위해 추구하는 인간상은 2015 개정 교육과정의 '자주적인 사람'에서 '자기주도적인 사람'으로 변화되었다. 이는 학습자 주도성과 연결되며, 주체성과 책임감, 적극적인 태도를 강조한다. 한편 '더불어 사는 사람'은 포용성과 시민성의 가치를 담고 있다.

2022 개정 교육과정의 인간상

2015 개정	자주적인 사람, 창의적인 사람, 교양 있는 사람, 더불어 사는 사람
2022 개정	자기주도적인 사람, 창의적인 사람, 교양 있는 사람, 더불어 사는 사람

자기주도적인 사람	전인적 성장을 바탕으로 자아정체성을 확립하고 자신의 진로와 삶을 개척하는 자기주도적인 사람
창의적인 사람	폭넓은 기초 능력을 바탕으로 진취적 발상과 도전을 통해 새로운 가치를 창출하는 창의적인 사람
교양 있는 사람	문화적 소양과 다원적 가치에 대한 이해를 바탕으로 인류 문화를 향유하고 발전시키는 교양 있는 사람
더불어 사는 사람	공동체 의식을 가지고 다양성을 이해하고 서로 존중하며 세계와 소통하는 민주시민으로서 배려와 나눔, 협력을 실천하는 더불어 사는 사람

핵심역량

2022 개정 교육과정에서는 학교에서 이루어지는 총체적 교육활동을 통하여 길러내야 할 범교과적 역량을 다음과 같이 선정하였다. 2022 개정 교육과정 핵심역량은 2015 개정 교육과정과의 안정적 연계를 중요시하여 선정되었다. 그 결과 역량의 구성요소가 이전 교육과정과 대부분 동일하며 의사소통 역량만 보다 넓은 차원인 협력적 소통 역량으로 변경하였다.

2022 개정 교육과정의 핵심역량

2015 개정	자기관리, 지식정보처리, 창의적 사고, 심미적 감성, 의사소통, 공동체
2022 개정	자기관리, 지식정보처리, 창의적 사고, 심미적 감성, 협력적 소통, 공동체

자기관리 역량	자아정체성과 자신감을 가지고 자신의 삶과 진로를 스스로 설계하며, 이에 필요한 기초 능력과 자질을 갖추어 자기주도적으로 살아갈 수 있는 역량
지식정보 처리 역량	문제를 합리적으로 해결하기 위하여 다양한 영역의 지식과 정보를 깊이 있게 이해하고 비판적으로 탐구하며 활용할 수 있는 역량
창의적 사고 역량	폭넓은 기초 지식을 바탕으로 다양한 전문 분야의 지식, 기술, 경험을 융합적으로 활용하여 새로운 것을 창출하는 역량
심미적 감성 역량	인간에 대한 공감적 이해와 문화적 감수성을 바탕으로 삶의 의미와 가치를 성찰하고 향유하는 역량
협력적 소통 역량	다른 사람의 관점을 존중하고 경청하는 가운데 자신의 생각과 감정을 효과적으로 표현하며 상호협력적인 관계에서 공동의 목적을 구현하는 역량
공동체 역량	지역·국가·세계 공동체의 구성원에게 요구되는 개방적·포용적 가치와 태도로 지속가능한 인류 공동체 발전에 적극적이고 책임감 있게 참여하는 역량

기초소양

미래교육 체제 변화에 맞추어 교과학습에 기반이 되는 기초소양(언어 소양, 수리 소양, 디지털 소양) 개념을 도입하였다. 기초소양은 학생들이 전 교과에서 효율적인 학습을 위하여 기초적으로 갖추어야 할 학습 능력이다.

2022 개정 교육과정의 기초소양

언어 소양	언어를 중심으로 다양한 기호, 양식, 매체 등을 활용한 텍스트를 대상과 목적, 맥락에 맞게 이해하고 생산·공유, 사용하여 문제를 해결하고 공동체 구성원과 소통하고 참여하는 능력
수리 소양	다양한 상황에서 수리적 정보와 표현 및 사고 방법을 이해, 해석, 사용하여 문제해결, 추론, 의사소통하는 능력
디지털 소양	디지털 지식과 기술에 대한 이해와 윤리의식을 바탕으로, 정보를 수집·분석하고 비판적으로 이해·평가하여 새로운 정보와 지식을 생산·활용하는 능력

학교급별 교육과정 변경사항

2022 개정 교육과정의 가장 큰 이슈는 고등학교의 고교학점제 도입이다. 이와 더불어 초등학교와 중학교도 학교 선택과목이나 활동 그리고 이를 담아낼 수 있는 학교 자율시간을 도입하였다. 고교학점제와 학교 선택과목이나 활동, 학교 자율시간은 학생 주도성 및 학생 중심 교육과정과 맥을 같이하는 교육과정 개선 사항이다.

초등학교

• 입학 초기 활동 재구조화 : 2015 개정 교육과정에서 1학년은 68시간
의 입학 초기 적응활동을 실시했는데, 이는 통합교과 '학교'와 중복되는
문제가 있었다. 문제를 개선하기 위하여 입학 초기 적응활동을 34시간
으로 단축하였으며, 통합교과 중 기존 '학교생활 적응'과 관련된 내용을
이 시기에 같이 교육할 수 있도록 하였다. 그리고 한글교육 강화를 위하
여 국어 시수가 34시간 증배되었다.

• 안전한 생활, 통합교과로 재구조화 : 2015 개정 교육과정에서 처음
도입된 '안전한 생활'은 당시 세월호 사건으로 인한 안전교육 강화 필요
성에 의하여 1, 2학년군 64시간으로 교육과정에 들어왔다. 그러나 안전
교육을 따로 하는 것보다는 교과 교육과정과 연계하여 실생활 맥락 속에
서 이루어지는 것이 효율적이라는 의견이 있었다. 이를 받아들여 2022
개정 교육과정에서는 안전한 생활 64시간을 바른 생활 16시간, 슬기로
운 생활 32시간, 즐거운 생활 16시간으로 나누어 통합교과 속에서 재구
조화하였다.

• 저학년 신체활동 강화 : 현재 초등학교 1, 2학년은 운동장에 나가서
신체활동을 하는 기회가 적다는 분석이 있었다. 이러한 분석을 토대로
2022 개정 교육과정에서는 즐거운 생활 내 신체활동 관련 시수가 80시
간에서 128시간으로 증배되었다. 성취기준과 교과서도 놀이 및 신체활
동과 관련된 내용이 강화되는 방향으로 개선되었다.

중학교

• 자유학기제 편성·운영 개선 : 중학교에서는 자유학기제가 운영되는데, 학년제 방식인 자유학년제로 운영하는 곳도 다수 있다. 그런데 창의적 체험활동의 진로활동·동아리 활동과 중복 운영되는 문제점이 있었다. 이를 개선하기 위하여 학기제 형식인 자유학기제로 총 102시간 운영으로 변경되었다.

• 스포츠클럽 개선 : 중학교 스포츠클럽 운영에 대한 현장 교사와 학생들의 의견을 반영하여 학년별 연간 34~68시간(총 136시간)을 운영하는 방식에서 학년별 연간 34시간(총 102시간)을 운영하는 방식으로 개선되었다.

고등학교

고등학교 교육과정 개정은 고교학점제 한 단어로 설명된다. 고교학점제는 학생의 기초소양과 기본학력을 바탕으로 진로·적성에 따라 과목을 선택하고, 이수 기준에 도달한 과목에 대하여 학점을 취득하고 이 학점을 누적하여 졸업하는 제도이다. 이를 위하여 이수단위가 204단위에서 192학점으로 조정되고, 1학점은 수업시간 50분 기준 17회에서 16회로 조정되었다. 이에 따라 일반선택 과목 적정화와 진로선택 과목 재구조화가 이뤄지고, 융합선택 과목이 신설되어 공통과목과 선택과목(일반선택·진로선택·융합선택) 체제로 재편되었다.

진로 연계 교육 도입

초·중·고 모든 학교급에 학교급 간 교과 내용 연계와 진로 설계, 학습 방법 및 생활 적응 등을 위하여 진로 연계 교육을 편성·운영하는 내용이 신설되었다. 초등학교는 이후 중학교에서 접하게 될 자유학기제에 대하여, 중학교에서는 고교학점제에 대하여, 고등학교에서는 대학생활 및 사회 진출 등 현행 학교급 이후의 진로에 대하여 미리 고민하고 준비할 수 있는 진로 연계 교육이 이루어진다.

창의적 체험활동 개선

기존 자율활동이 학교·학급 공동체 중심의 자율·자치 활동으로 재구조화되며, 동아리 활동과 진로활동도 학생 중심 동아리 활동과 진로활동으로 재구조화되었다. 기존 봉사활동은 동아리 활동으로 통합 운영된다.

AI·SW 교육 강화

디지털 기초소양 강화를 위하여 AI·SW 교육 관련 시수가 다음과 같이 증배되었다. 초등학교는 실과와 학교 자율시간을 활용하여 34시간 이상 편성·운영하고, 중학교는 정보과와 학교 자율시간을 활용하여 68시간 이상을 편성·운영한다. 고등학교는 디지털 AI·SW 교육 관련 진로 및 융합선택 과목이 신설되었다.

특수교육 관련 사항

2022 개정 교육과정은 특수교육에 대한 사항도 학교 현장의 의견을

반영하였다. 일반학교에 재학하는 특수교육 대상 학생의 경우 일반 교육과정을 기준으로 해야 하나, 현실적으로 일반 교육과정 이수가 어려운 경우도 많기 때문에 "특수교육 대상 학생을 위해 특수학급을 설치·운영하는 경우, 학생의 장애 특성 및 정도를 고려하여 이 교육과정을 조정하여 운영하거나 특수교육 교육과정과 교수·학습 자료를 활용할 수 있다."라는 기준이 제시되었다.

그리고 일반학급 교사의 경우 통합교육에 대한 이해가 부족하다는 현장의 의견이 있는데, 실제로 공통 교육과정의 성취기준 외에 특수 교육과정의 기본 교육과정 성취기준에 대하여 알지 못하는 교사들이 상당수 존재한다. 이와 같은 실태를 반영하여 "통합 교육 실행 및 개선을 위해 교사 간 협력 지원, 초·중학교 교육과정과 특수교육 교육과정을 연계할 수 있는 자료 개발 및 보급, 관련 연수나 컨설팅 등을 제공한다."는 기준이 제시되었다.

2022 개정 교육과정 총론 읽는 법

2022 개정 교육과정 총론은 주 독자인 교사를 고려하여 보기 편하고 이해하기 쉽고, 학교와 교사 교육과정 수립을 위한 공통의 기준을 명확하게 제시할 수 있는 방향으로 만들어졌다.

2022 개정 교육과정 총론 문서 체제

교육과정의 성격

Ⅰ. 교육과정 구성의 방향
  1. 교육과정 구성의 중점
  2. 추구하는 인간상과 핵심역량

　　2022 개정 교육과정 총론 문서는 각 장(場)의 서두에 그 장의 내용을 안내하는 도입글이 제시되어 있다. 이는 2015 개정 교육과정에는 없었던 것이다. 각 장의 세부 항목에 맞추어 기호 '•'로 그 항목을 제시한 이유와 기능 등을 설명했다. 다음에 제시된 것과 같은 도입 글을 읽고 그

장의 항목별 내용들이 어떤 목적을 위하여 제시되었는지 확인하면 해당 장의 전체적인 내용을 먼저 파악할 수 있다.

Ⅰ. 교육과정 구성의 방향

이 장에서는 국가 교육과정의 개정 배경과 중점을 설명하고, 이 교육과정으로 교육을 받는 사람이 갖출 것으로 기대하는 모습과 중점적으로 기르고자 하는 핵심역량 및 교육목표를 제시한다.

- '교육과정 구성의 중점'에서는 교육과정 개정의 주요 배경과 이에 따른 개정 중점을 제시한다.
- '추구하는 인간상'은 초·중등 교육을 통해 학생들이 갖출 것으로 기대하는 특성을 나타낸 것으로, 교육의 본질과 방향을 제시하는 기능을 한다.
- '핵심역량'은 추구하는 인간상을 구현하기 위해 학교 교육의 전 과정을 통해 중점적으로 기르고자 하는 능력이다.
- '학교급별 교육목표'는 추구하는 인간상과 핵심역량을 바탕으로 초·중·고등학교별로 달성하기를 기대하는 교육목표이다.

다음의 사항을 염두에 두고 교육과정 문서를 보면 문서 체제(차례), 각 장의 성격과 세부 기준에 대한 이해가 좀 더 쉬울 것이다. 2015 개정 교육과정과 비교하여 2022 개정 교육과정에서 강조되는 사항을 중심으로 알아보자.

총론–교육과정의 성격

'교육과정의 성격'은 국가 교육과정 문서가 어떤 역할과 기능을 하는지를 제시하는 내용으로 이루어져야 한다. 그러나 과거 교육과정의 성격의 내용을 확인해보면 주로 그 우수성을 부각시키는 내용들이 진술되어 있다. 이번 2022 개정 교육과정은 우수성보다는 이 교육과정이 어떤 법률적 근거를 갖고 있고, 지역과 학교 교육과정에 어떤 역할과 기능을 하는지가 제시되어 있다. 따라서 교육과정의 성격 부분은 2022 개정 교육과정의 법적 근거와 기능, 역할 등을 염두에 두고 살펴보아야 한다.

총론–Ⅰ. 교육과정 구성의 방향

'교육과정 구성의 방향'에는 교육과정 구성의 중점, 추구하는 인간상과 핵심역량이 제시되어 있다. 2022 개정 교육과정의 개정 배경으로 사회변화(디지털 대전환, 코로나 펜데믹, 기후환경과 인구구조 변화), 사회의 다양성 확대, 맞춤형 교육 요구 증가, 분권화 및 자율화 요구를 언급하면서 포용성과 창의성을 갖춘 주도적인 사람을 비전으로 제시하였다. 교육과정 구성의 중점은 교육과정 개정 배경과 연계되어 7가지 중점 사항을 선정하였으며 각 중점 사항은 다음과 같은 의미를 갖는다.

2022 개정 교육과정을 통하여 학생들에게 길러주고자 하는 교육목표

> 가. 디지털 전환, 기후·생태환경 변화 등에 따른 미래 사회의 불확실성에 능
> 동적으로 대응할 수 있는 능력과 자신의 삶과 학습을 스스로 이끌어가는
> 주도성을 함양한다.
>
> 나. 학생 개개인의 인격적 성장을 지원하고, 사회 구성원 모두의 행복을 위
> 해 서로 존중하고 배려하며 협력하는 공동체 의식을 함양한다.
>
> 다. 모든 학생이 학습의 기초인 언어·수리·디지털 기초소양을 갖출 수 있도
> 록 하여 학교 교육과 평생 학습에서 학습을 지속할 수 있게 한다.

　교육과정 구성의 중점 중 위 3가지 항목으로 2022 개정 교육과정을 통하여 학생들이 갖추어야 할 목표와 관련된 주요 키워드, 즉 주도성, 미래대응, 공동체 의식, 기초소양이 제시되었다.

2022 개정 교육과정 총론의 방향

> 라. 학생들이 자신의 진로와 학습을 주도적으로 설계하고, 적절한 시기에 학
> 습할 수 있도록 학습자 맞춤형 교육과정 체제를 구축한다.

　교육과정 구성의 중점 '라' 항목은 총론의 주요 방향을 의미한다. 교육과정 총론의 주 방향성을 학습자 맞춤형 교육으로 정한 것을 확인할 수 있다.

2022 개정 교육과정 각론의 방향

> 마. 교과 교육에서 깊이 있는 학습을 통해 역량을 함양할 수 있도록 교과 간
> 연계와 통합, 학생의 삶과 연계된 학습, 학습에 대한 성찰 등을 강화한다.

교육과정 구성의 중점 '마' 항목은 각론의 주요 방향을 의미한다. 깊이 있는 학습, 교과 간 연계와 통합, 삶과 연계된 학습, 학습에 대한 성찰이 모든 교과 교육과정의 설계 원리가 된다.

2022 개정 교육과정 수업과 평가의 방향

> 바. 다양한 학생 참여형 수업을 활성화하고, 문제 해결 및 사고의 과정을 중
> 시하는 평가를 통해 학습의 질을 개선한다.

교육과정 구성의 중점 '바' 항목은 2022 개정 교육과정 수업과 평가의 방향이다. 교과 교육과정 방향과 같은 맥락으로 깊이 있는 학습을 위해 학습 내용의 맥락 이해, 탐구질문 등이 제시되어 있고, 수업에 능동적으로 참여한다는 것은 외형적인 활동 중심 수업뿐 아니라 사고 과정의 능동적 참여를 의미한다. 또한 문제해결 및 사고 과정에 대한 평가는 2015 개정 교육과정에서부터 강조되어온 과정 중심 평가가 여전히 유지, 강조되고 있음을 확인할 수 있다.

> 사. 교육과정 자율화·분권화를 기반으로 학교, 교사, 학부모, 시·도 교육청, 교육부 등 교육 주체들 간의 협조 체제를 구축하여 학습자의 특성과 학교 여건에 적합한 학습이 이루어질 수 있도록 한다.

교육과정 구성의 중점 '사' 항목은 학생을 중심으로 연계된 각 교육 주체들 간 거버넌스 구축을 통하여 학생 중심 교육과정을 만들어간다는 것을 의미한다.

추구하는 인간상과 핵심역량

2015 개정 교육과정 총론의 '추구하는 인간상'이 2022 개정 교육과정에서는 '추구하는 인간상 및 핵심역량'으로 바뀌어 핵심역량이 제목에 추가되었다. 이는 2022 개정 교육과정이 역량 함양을 중시하는 교육과정을 추구한다는 것으로 해석할 수 있다.

학교급별 교육목표

학교급별 교육목표는 추구하는 인간상인 자기주도적인 사람, 창의적인 사람, 교양 있는 사람, 더불어 사는 사람을 발달단계 특성에 맞게 세분화하여 학교급별 4가지 교육목표로 설정하였다.

교육과정 총론의 두 번째 장(場)인 학교 교육과정 설계와 운영에서는 2022 개정 교육과정이 학교 교육과정 자율성을 강조한다는 것을 확인할 수 있다. 해당 장은 2015 개정 교육과정 총론에서는 세 번째로 제시되었는데, 2022 개정 교육과정에서는 두 번째로 한 단계 앞으로 이동했다. 이는 학교 교육과정의 중요성을 부각시킨 것이다. 장의 이름도 2015 개정 교육과정의 '학교 교육과정 편성·운영'에서 '학교 교육과정 설계와 운영'으로 변경되었다. 이는 학교 자율성에 의한 교육과정 디자인의 중요성이 제목으로 반영된 것으로 해석할 수 있다.

설계의 원칙

설계의 원칙에서는 학교 교육과정 설계 시 염두에 두어야 할 것들(학습자의 전인적인 성장 지원, 학교와 지역 학생 실태를 반영한 학습 경험 제공과 다양한 교육활동 설계, 기초소양과 자기주도 학습 능력 신장 지원, 학습 격차 해소, 지역사회의 인적, 물적 자원의 계획적 활용 등)이 명시되어 있다. 그리고 모든 교원이 민주적인 절차와 과정을 거쳐 학교 교육과정을 설계·운영하며, 이를 위하여 학교교육과정위원회의 조직과 역할, 학습 공동체 문화 조성, 학교 교육과정 평가에 대한 사항이 제시되어 있다.

교수·학습

2022 개정 교육과정은 2015 개정 교육과정에서 처음 도입된 '역량 교

육'을 더욱 구체화했다. 학교 교육과정 설계와 운영의 방향 중 교수·학습 부분에 해당하는 내용들은 역량 교육을 뒷받침하는 항목들이다.

> 가. 학교는 학생들이 깊이 있는 학습을 통해 핵심역량을 함양할 수 있도록 교수·학습을 설계하여 운영한다.
>
> 나. 학교는 학생들이 수업에 능동적으로 참여하고 학습의 즐거움을 경험할 수 있도록 교수·학습을 설계하여 운영한다.
>
> 다. 교과의 특성과 학생의 능력, 적성, 진로를 고려하여 학습활동과 방법을 다양화하고, 학교의 여건과 학생의 특성에 따라 다양한 학습 집단을 구성하여 학생 맞춤형 수업을 활성화한다.
>
> 라. 교사와 학생 간, 학생과 학생 간 상호 신뢰와 협력이 가능한 유연하고 안전한 교수·학습 환경을 지원하고, 디지털 기반 학습이 가능하도록 교육 공간과 환경을 조성한다.

역량 함양을 위한 깊이 있는 학습과 관련된 사항들이 '가', '나' 항목에 제시되었고, '다', '라' 항목에는 학생 맞춤형 수업과 디지털 기반 학습에 대한 사항들이 제시되었다.

평가

평가 항목에서는 2015 개정 교육과정에서부터 제시되어온 학생의 성장과 발달을 위한 과정을 중시하는 평가와 교육과정−수업−평가의 일관성 확보가 2022 개정 교육과정에서도 지속적으로 강조됨을 확인할 수 있다. 또한 수행평가와 서·논술형 평가의 강조, 디지털 기술을 활용한 평가 도입 등의 내용이 제시되었다. 다음은 이를 뒷받침하는 항목들이다.

가. 평가는 학생 개개인의 교육목표 도달 정도를 확인하고, 학습의 부족한 부분을 보충하며, 교수·학습의 질을 개선하는 데 주안점을 둔다.

나. 학교와 교사는 성취기준에 근거하여 교수·학습과 평가활동이 일관성 있게 이루어지도록 한다.

　　1) 학습의 결과만이 아니라 결과에 이르기까지의 학습 과정을 확인하고 환류하여 학습자의 성공적인 학습과 사고 능력 함양을 지원한다.

다. 학교는 교과목의 성격과 학습자 특성을 고려하여 적합한 평가 방법을 활용한다.

　　1) 수행평가를 내실화하고 서술형과 논술형 평가의 비중을 확대한다.

　　2) 정의적, 기능적 측면이나 실험·실습이 중시되는 평가에서는 교과목의 성격을 고려하여 타당하고 합리적인 기준과 척도를 마련하여 평가를 실시한다.

　　3) 학교의 여건과 교육활동의 특성을 고려하여 다양한 지능정보기술을 활용함으로써 학생 맞춤형 평가를 활성화한다.

모든 학생을 위한 교육 기회의 제공

모든 학생을 위한 교육 기회의 제공에는 일반적 교육대상자 이외에 다문화 학생, 기초학습 부진 학생, 특정 분야에서 탁월한 재능을 보이는 학생, 특수교육 대상 학생, 귀국 학생 등 다양한 특성을 가진 학생들을 위한 교육과정에 대한 내용이 제시되어 있다. 공통 교육과정을 그대로 이수하는 것으로는 다양한 특성을 가진 학생들의 성장과 성공적인 학습을 기대할 수 없기 때문에 해당 학생들을 위한 맞춤형 교육과정의 설계·운영에 대한 기준을 제시하고 있다.

총론-Ⅲ. 학교급별 교육과정 편성·운영의 기준

학교급별 교육과정 편성·운영 기준에서는 교육과정 편성 시 어떤 내용을 얼마만큼의 시수로 편성하는지를 확인한다. 교육과정에 편성해야 하는 내용으로는 교과와 창의적 체험활동을 기본으로 범교과 학습주제, 진로 연계 교육 등이 제시되어 있다. 총론에는 진로 연계 교육의 구체적 적용 시기가 제시되어 있지 않다. 하지만 학교급 간 전환기 학생들이 상급 학교의 생활 및 학습을 준비하는 데 필요한 교육을 지원하기 위한 것이기 때문에, 학교급 전환기에 해당하는 초 6-2, 중 3-2, 고 1-1 등 시기에 적용하여 전환기 교육의 본 취지를 살리도록 한다.

기본사항

기본사항에서는 모든 학교급에 해당하는 학교 교육과정 편성·운영의 일반적인 기준이 다음과 같이 제시되어 있다.

- 공통 교육과정(초등 1학년~중학교 3학년까지의 교육과정)과 학점 기반 선택 중심 교육과정(고등학교)
- 학년(군) 및 교과(군)별 교육과정 편성

- 집중이수제(학업 부담을 적정화하고 의미 있는 학습 활동이 이루어
  질 수 있도록 학기당 이수 교과목 수를 조정하여 운영)
- 진로 연계 교육(학교급 간 전환기의 학생들이 상급 학교의 생활 및
  학습을 준비하는 데 필요한 교육 지원)
- 범교과 학습주제(안전·건강 교육, 인성 교육, 진로 교육, 민주시민
  교육, 인권 교육, 다문화 교육, 통일 교육, 독도 교육, 경제·금융 교
  육, 환경·지속가능발전 교육)
- 안전교육, 계기교육, 원격수업, 새로운 과목 개설 사항

학교급별 교육과정 편성·운영의 기준 중 교육과정 운영과 관련하여
짚어보아야 할 부분은 기본사항 중 다음 항목이다.

> 바. 교과와 창의적 체험활동의 내용 배열은 반드시 따라야 할 학습 순서
> 를 의미하는 것은 아니며, 학생의 관심과 요구, 학교의 실정과 교사의
> 필요, 계절 및 지역의 특성 등에 따라 각 교과목의 학년군별 목표 달성
> 을 위해 지도 내용의 순서와 비중, 교과 내 또는 교과 간 연계 지도 방
> 법 등을 조정하여 운영할 수 있다.

위에 제시된 항목은 교사가 교과서에 의한 수동적 교육과정 운영이
아닌, 국가에서 제시한 교과별 교육과정 성취기준에 의거하여 자율적으
로 교육과정을 편성·운영하고 이에 의하여 교수·학습 및 평가 활동을
실천해나갈 수 있음을 의미하는 항목이다.

초·중학교 편제와 시간 배당 기준

교과별 시수는 초등학교 1~2학년군의 경우 국어 34시수, 바른 생활 16시수, 슬기로운 생활 32시수, 즐거운 생활 16시수가 증배되었고, 안전한 생활 64시간을 포함한 창의적 체험활동에서 98시수가 감축되었다. 초등학교 3~6학년, 중학교 편제 및 시수는 2015 개정 교육과정과 편제와 시간 배당 기준이 동일하다.

2022 개정 교육과정 초등학교 교과 편제와 시수

구 분		1~2학년	3~4학년	5~6학년
교과 (군)	국어		408	408
	사회/도덕	국어 482	272	272
	수학	수학 256	272	272
	과학/실과	바른 생활 144	204	340
	체육		204	204
	예술 (음악/미술)	슬기로운 생활 224	272	272
	영어	즐거운 생활 400	136	204
	소계	1,506	1,768	1,972
창의적 체험활동		238	204	204
학년군별 총 수업 시간 수		1,744	1,972	2,176

2022 개정 교육과정 중학교 교과 편제와 시수

구 분		1~3학년
교과(군)	국어	442
	사회(역사 포함)/도덕	510
	수학	374
	과학/기술·가정/정보	680
	체육	272
	예술(음악/미술)	272
	영어	340
	선택	170
	소계	3,060
창의적 체험활동		306
총 수업 시간 수		3,366

초·중학교 편제와 시간 배당 기준에서 눈여겨볼 부분은 다음 표의 내용이다.

2015 개정 교육과정	교과(군)별 20% 범위 내에서 시수를 증감하여 편성·운영할 수 있다.
2022 개정 교육과정	교과(군)별 및 창의적 체험활동의 20% 범위 내에서 시수를 증감하여 편성·운영할 수 있다.

2015 개정 교육과정에서는 체육, 예술(음악/미술) 교과를 제외하고 교과(군)별 20% 범위 내에서 시수를 증감하여 편성·운영할 수 있던 것이 교과(군)별 및 창의적 체험활동의 20% 범위 내에서 시수를 증감하여 편성·운영하는 것으로 변경되었다. 이는 교과와 창의적 체험활동 간 시수 넘나들이가 가능한 것을 의미한다. 2015 개정 교육과정에서는 20%의 증감을 교과 안에서만 하는 것이어서 교과의 총합 시수 미만으로 시수가 편성될 수 없었다. 그러나 시수 증감에 창의적 체험활동도 포함되어, 교과 총 시수를 20시수 감하고 이 감한 20시수를 창의적 체험활동에 덧붙여 122시수로 창의적 체험활동을 운영하는 것이 가능해졌다. 이 또한 국가 교육과정이 학교의 교육과정 자율성을 보장해주는 방편 중 한 가지이다. 학교 현장에서는 창의적 체험활동이 안전교육 및 각종 법정 이수 시수, 범교과 학습 및 학교에서 고정적으로 이루어지는 행사 등으로 채워져 창의적인 시간으로 쓸 수 없다는 불만이 지속되어왔다. 이를 고려하여 학교에서 학생 중심 교육을 위한 자율 교육활동을 운영할 수 있도록 교과와 창의적 체험활동 간 시수의 벽을 터준 것이다.

고등학교 편제와 학점 배당 기준

고교학점제에 의한 고등학교 편제와 학점 배당 기준을 살펴보면, 1학점은 50분 기준 16회를 이수하면 부여된다. 한 학생이 고등학교에 입학하여 졸업할 때까지 총 192학점 이상을 이수하면 되는 것으로 이를 시간으로 환산하면 총 3,072시간 이상을 이수하면 되는 것이다.

자율 이수 학점은 일반선택, 진로선택, 융합선택 과목으로 구성되며 학

2022 개정 교육과정 일반 고등학교와 특수 목적 고등학교 (산업수요 맞춤형 고등학교 제외) 교과 편제와 시수

교과(군)	공통 과목	필수 이수 학점	자율 이수 학점
국어	공통국어 1, 2	8	학생의 적성과 진로를 고려하여 편성
수학	공통수학 1, 2	8	
영어	공통영어 1, 2	8	
사회 (역사/도덕 포함)	한국사 1, 2	6	
	통합사회 1, 2	8	
과학	통합과학 1, 2 과학탐구실험 1, 2	10	
체육		10	
예술		10	
기술 · 가정/ 정보/제2외국어/ 한문/교양		16	
소계		84	90
창의적 체험활동		18(288시간)	
총 이수 학점		192	

생이 자신의 진로를 고려하여 자율적으로 선택할 수 있는 방식으로 교육과정이 운영된다. 고교학점제가 학생의 개인 성향과 진로에 맞는 맞춤형 교육과정 제공에 의의를 둔 만큼, 학교에 개설되지 않은 선택과목 이수를 희망할 경우 다른 학교에서의 이수 인정, 교육과정에 제시된 과목 외에 새로운 과목 개설, 학교 밖 교육 과목 등에 대한 구체적 사항을 시도교육청에

2022 개정 교육과정 특성화 고등학교와 산업수요 맞춤형 고등학교 교과 편제와 시수

	교과(군)	공통 과목	필수 이수 학점	자율 이수 학점
보통 교과	국어	공통국어 1, 2	24	학생의 적성과 진로를 고려하여 편성
	수학	공통수학 1, 2		
	영어	공통영어 1, 2		
	사회 (역사/도덕 포함)	한국사 1, 2	6	
		통합사회 1, 2	12	
	과학	통합과학 1, 2		
	체육		8	
	예술		6	
	기술·가정/ 정보/제2외국어/ 한문/교양		8	
	소계		64	
전문 교과	17개 교과(군)		80	30
창의적 체험활동			18(288시간)	
총 이수 학점			192	

서 지침으로 정하여 시행할 수 있도록 하였다. 각 과목별 학점 이수 기준은 출석률과 학업성취율을 반영하며, 과목별 미이수를 예방하고 최소 성취수준에 도달할 수 있도록 예방·보충 지도를 실시해야 한다.

고등학교에서의 진로 연계 교육은 입학 초기 고교학점제 관련 자신의 진로에 맞는 이수 경로를 설정할 수 있도록 진로지도와 학업설계에 대한 교육이 1학년 시기에 이루어져야 한다. 또한 수능 이후 졸업을 앞둔 시기에는 대학 생활에 대한 이해, 대학 선이수 과목 이수, 사회생활 안내와 적응 등이 이루어질 수 있도록 한다.

총론-Ⅳ. 학교 교육과정 지원

학교 교육과정 지원 장(場)에서는 학생 중심 교육과정을 위한 국가와 시도교육청의 역할이 제시되어 있다. 이전 교육과정에서 국가, 교육청 등 교육 주체별로 항목이 제시되었다면, 2022 개정 교육과정에서는 어떤 내용을 지원해야 할지 지원 내용 중심으로 항목을 제시하여 세밀한 교육과정 지원이 이루어질 수 있도록 하였다. 학습자 맞춤 교육 강화를 위해서 국가 수준의 성취기준에 따른 평가기준 개발·보급, 교육청 수준의 지역 및 학교 특성을 반영한 새로운 교과목 편성·운영 지원, 학교 밖 교육 자원 발굴과 공유 및 질 관리에 관한 사항이 제시되어 있다. 더불어 학교의 교육환경 조성을 위해서 코로나19로 인하여 활성화된 온오프라인 연계 교육이 더욱 효율적으로 이루어지도록 하기 위한 인프라 구축 및 교원역량 강화가 제시되었다.

이 장에 제시된 내용을 통하여 교육청, 교육부, 지역 교육 관련 기관이 협력적 관계를 형성하여 학생을 중심으로 한 교육생태계가 조성될 수 있기를 기대한다.

2022 개정 교과 교육과정(각론)의 생성 원리

2022 개정 교과 교육과정은 학생들의 역량 함양을 목표로 설계되었다. 이는 2015 개정 교과 교육과정과 맥을 같이하며 역량 교육을 더욱 구체화·체계화할 수 있는 방향으로 개선되었다. 역량 교육은 지식의 구조에 대한 학생의 주체적인 탐구를 기반으로 학생 스스로 교과(학문)의 원리 및 개념을 구성하고 자신의 지식을 일상생활에 적용하는 경험을 통하여 역량을 함양하도록 하는 데 목적을 두고 있다.

이를 위해서는 학생이 교과 내용을 자신의 것으로 만들고 새로운 상황에 적용, 확장, 실천할 수 있어야 한다. 또한 학생이 교과의 내용을 자신의 삶과 연계하여 학습하고, 여러 교과의 지식과 기능을 서로 관련지어 습득하고 이를 삶에 적용하여 문제를 해결할 수 있어야 한다. 이와 더불어 학생이 자신의 학습을 성찰할 수 있을 때, 즉 자신이 학습한 것을 새로운 상황에 적용하면서 언제, 왜, 어떻게 해당 내용을 적용해야 하는지를 바라볼 수 있을 때 역량이 함양될 수 있다(한국교육과정평가원, 2022a).

이를 반영하여 2022 개정 교과 교육과정은 깊이 있는 학습을 통해 역량을 함양할 수 있도록 교과 간 연계와 통합, 학생의 삶과 연계된 학습, 학습에 대한 성찰을 강조하며, 구체적인 개발 방향은 다음과 같다.

첫째, 2022 개정 교과 교육과정에서는 역량 함양을 위해 깊이 있는 학습을 강조한다. 깊이 있는 학습은 많은 양의 단편적인 지식 중심의 수업이 아닌, 교과나 영역의 구조를 이루는 핵심 내용을 삶과 연계한 학습, 교과 간 연계와 통합, 학습 과정에 대한 성찰 등의 방식을 통하여 학생 자신의 것으로 만드는 것을 의미한다. 이 과정을 통하여 학습한 내용을 학습 상황과 다른 맥락에서도 적용할 수 있어 배움이 학생들의 삶 속에서 활용되는 역량으로 구현될 수 있다. 이는 곧 학습의 전이를 의미한다. 전이는 학습 내용을 학생의 인지구조에 맞추어 자신의 것으로 생성하여 이를 다른 맥락에 적용할 수 있는 학습이 이루어지는 것이다. 다시 말해 단편적 지식과 사실 등을 개별적으로 수업하는 것이 아니라 교과 고유의 탐구 과정과 유기적으로 통합·연결하여 학생 각자의 인지구조 속에 자리 잡을 수 있도록 교수·학습과 평가가 이루어져야 한다. 이와 같은 학습을 통하여 생성된 배움이 실천으로 연결될 수 있어야 진정한 역량이 형성된 것이다.

더불어 교과 및 영역의 특성과 연계된 가치와 태도를 심어줄 수 있어야 한다. 이를 위하여 2022 개정 교육과정은 깊이 있는 학습을 위하여

역량 함양을 위한 교과 교육과정의 강조점

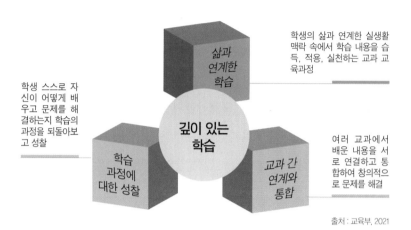

학생의 삶과 연계한 실생활 맥락 속에서 학습 내용을 습득, 적용, 실천하는 교과 교육과정

학생 스스로 자신이 어떻게 배우고 문제를 해결하는지 학습의 과정을 되돌아보고 성찰

여러 교과에서 배운 내용을 서로 연결하고 통합하여 창의적으로 문제를 해결

출처 : 교육부, 2021

핵심 아이디어와 지식·이해, 과정·기능, 가치·태도를 교과 내용체계표의 구성요소로 선정하였다.

둘째, 삶과 연계한 학습을 강조한다. 책이나 교사의 언어에 의해 탈맥락적인 상황에서 이루어진 학습은 단순 지식으로 끝날 가능성이 크다. 배움이 학생들의 실제 삶 속에서 활용할 수 있는 역량으로 발전하기 위해서는 실제 생활 속 맥락 혹은 수업과 다른 새로운 맥락에 배운 내용을 적용하고 활용할 수 있는 기회를 수업에서 제공해주어야 한다. 이와 같은 수업으로 학습 내용의 전이가 높아져야 깊이 있는 학습으로 연결되는 것이다.

셋째, 교과 간 연계와 통합을 지향한다. 역량이 형성된다는 것은 지식을 일상생활에 적용하고 활용할 수 있음을 의미한다. 일상생활에서는 한 개의 교과 지식이 아니라 여러 교과의 지식과 기능이 서로 연계되어 적용·활용되는 경우들이 많다. 예를 들어 실생활에서 식물의 특징을 탐구하고 분류하는 과정에는 수학 교과의 분류에 대한 지식과 기능이 함께 활용된다. 이는 과학 교과의 실험에 의한 결론 도출 시 수학 교과의 기능 요소가 함께 활용되는 것이다. 또한 실생활 문제해결 프로젝트 수업에서도 한 교과만 단독으로 사용되는 것이 아니라 여러 교과의 지식이나 기능이 복합적으로 활용되어 수업이 설계된다.

넷째, 학습 과정에 대한 성찰을 강조한다. 학습 과정에 대한 성찰은 메타인지, 상위인지 학습이론과 관련이 있다. 학생들이 학습 내용을 자신의 생각과 사고 과정 없이 그대로 수동적으로 받아들이는 것은 암기 학습 수준에 머무르는 것이다. 학습 내용을 자신의 인지구조 속에 맞추어 가는 사고 과정을 통하여 본인 만의 언어로 학습 내용을 정리하는 것이 역량 형성의 전제 조건이다. 여기에는 학습 과정에 대한 성찰이 이루어지는 메타인지가 핵심적인 역할을 한다. 역량 교육의 방향인 깊이 있는 학습을 위해서는 이와 같은 학습 과정에 대한 성찰(메타인지, 상위인지)이 필요하다.

이 외에도 시민성 함양 교육과 생태전환 교육, 디지털·AI 교육과 관련된 사항들이 각 교과 교육과정에 포함될 수 있도록 개발되었다.

2022 개정 교과 교육과정(각론) 문서 보는 법

2022 개정 교과 교육과정은 2015 개정 교과 교육과정을 큰 틀에서 유지하면서 현장 교사들의 교육과정 운영 자율성을 뒷받침해주는 방향으로 개선·보완되었다. 각 장의 역할과 문서를 확인할 때의 주안점은 다음과 같다.

교과 교육과정 설계의 개요

교과 교육과정 설계의 개요는 2022 개정 교과 교육과정에서 새롭게 추가된 항목이다. 각 교과 교육과정 문서의 제일 앞 부분에 제시된 개요 부분만 확인하여도 해당 교과에 대한 내용을 개괄적으로 이해할 수 있다. 개요 항목에는 총론의 주요사항이 해당 교과에서 어떻게 구현되는지, 그 교과를 구성하고 있는 영역이 설정된 원리와 영역 간의 관계와 핵심 아이디어 선정 원리, 내용체계에 대한 설명이 제시되어 있다. 그리고 2022 개정 교육과정의 교과별 역량들이 설계의 개요 부분에 제시되어 있다. 2015 개정 교육과정에서 처음 제시된 역량은 핵심역량과 교과역량으로 구분되어 사용되었다. 그러나 학교 현장에서 역량 종류의 과다로 인한 어려움에 대한 의견이 제기되었고 이를 반영하여 교과역량 용어 표현을 최소화하는 방향으로 교과 교육과정이 설계된 것이다. 즉 교과 교육과정 설계의 개요 부분에 공식적으로 제시하고, 목표 부분에서 직접적인 교과역량 명칭의 사용이 아닌 교과역량을 풀어서 제시하는 방향으로 교과 교육과정이 개발되었다.

성격 및 목표

교과 교육과정 성격 항목은 총론에서 제시된 인간상과 연계하여 그 교과를 배워야 하는 이유가 제시되어 있다. 해당 교과의 학습이 총론의 인간상 형성과 학생들의 삶에서 어떠한 역할을 하는지 등이 제시되어 있다. 목표 항목에는 초등학교와 중학교의 교과목표가 공통으로 제시되어 있다. 이는 총괄목표와 세부목표로 제시되어 있는데, 세부목표가 각 교과역량을 구체적으로 풀어서 제시한 내용이다.

내용체계 및 성취기준

내용체계 및 성취기준 항목에서는 각 영역별 내용체계표와 성취기준이 제시되어 있다. 내용체계표는 2022 개정 교과 교육과정 개발 방향인 깊이 있는 학습이 이루어질 수 있도록 핵심 아이디어가 영역별로 설정되었다. 그리고 지식과 기능으로만 제시되었던 2015 내용체계표와 달리 지식·이해, 과정·기능, 가치·태도의 3차원 요소를 담은 내용체계표를 개발하였다.

범주	의미
지식·이해	• 교과학습을 통해 알아야 할 구체적 내용과 그것에 대한 이해의 내용을 포함함 • 해당 교과 영역에서 알고 이해해야 할 내용 요소, 개념, 원리를 진술하되, 교과마다 진술 방식을 달리할 수 있음
과정·기능	• 지식을 습득하는 데 활용되는 사고 및 탐구 과정, 교과 고유의 절차적 지식 등을 의미함 • 지식의 이해와 적용을 가능하게 하며, 학습의 결과 학생들이 교과 내용을 가지고 할 수 있어야 하는 구체적인 능력. 단, 과정·기능이 교과역량과 동일한 것은 아님
가치·태도	• 교과활동을 통해서 기를 수 있는 고유한 가치 및 태도를 의미함 • 교과의 학습 과정에서 습득되는 교과 내용과 관련된 태도와 교과를 학습하여 내면화한 사람이 습득하게 되는 가치를 의미함

출처 : 한국교육과정평가원, 2022a

위에 제시된 지식·이해, 과정·기능, 가치·태도가 각 영역을 구성하는 기초 자원이며, 이 자원을 아우를 수 있는 것들이 각 영역의 핵심 아이디어가 된다. 교사가 교육과정을 중심으로 수업한다는 것은 교과서가 아닌 성취기준을 중심으로 수업한다는 것도 있지만, 더욱 본질적인 것은 이 내용 요소들을 활용하여 학생에게 더욱 적합한 방향으로 교육과정을 설계하고, 이에 따라 수업과 평가를 하는 것을 의미한다.

성취기준 해설은 교수·학습의 방향 제시보다는 새로 개발되었거나 의미가 다양하게 해석될 수 있는 것들, 현장에서 교수·학습에 적용 시 혼동 가능성이 있어 추가적인 설명이 필요한 경우에 한하여 제시되었다. 성취기준 적용 시 고려사항 항목은 2022 개정 교육과정에서 새롭게 추가된 항목이다. 이 항목은 교과 각 영역별로 제시되었으며, 해당 영역을 수업하고 평가할 때 강조하거나 주의할 점 등이 제시되었다. 교사가 이 항목을 볼 때는 '해당 영역 성취기준들을 교수·학습이나 평가할 때 고려해야 할 것들'로 이해하고 해석해야 한다.

교수·학습 및 평가

교수·학습 및 평가 항목은 방향과 방법 2가지로 나누어서 제시되어 있다. '방향' 항목에서는 교과(목)의 특성에 따른 교수·학습과 평가의 원칙과 중점, 그리고 학생 맞춤형 수업이 이루어지기 위한 다양한 학습자에 대한 고려 방안 등을 확인할 수 있다. '방법' 항목에서는 교과 특성에 맞는 구체적 교수·학습 및 평가의 방법을 알 수 있다. 또 고등학교 교과 교육과정 중 고교학점제와 연계하여 미이수를 예방하고 최소 성취기준에 도달할 수 있도록 학생을 지도할 방안도 제시되어 있다.

2022 개정 교육과정 성취기준의 특징

성취기준은 교과 교육과정의 여러 항목 중 교수·학습 및 평가와 직접적으로 맞닿아 있는 항목이다. 교사가 교육과정 문해력을 발휘하여 교실 수준의 교육과정을 구현하기 위해서는 성취기준의 개발 중점과 특징 등을 파악할 필요가 있다. 2022 개정 교육과정 성취기준은 다음의 사항에 중점을 두고 개발되었다.

첫째, 성취기준은 학생이 교과(목) 학습을 통하여 할 수 있어야 할, 또는 할 수 있기를 기대하는 결과 혹은 도달점(outcome)의 성격을 갖는다. 이는 성취기준이 단순 수업활동과 기능을 제시하는 것이 아닌 교수·학습 과정을 통하여 도달해야 할 최종 지점이자 목적지이며 평가의 준거가 될 수 있음을 의미한다. 교수·학습 과정의 도달점을 제시한다는 것은 교사의 교육과정 설계와 수업 디자인에도 자율성을 부여할 수 있음을 의미한다. 정해진 목표지점을 교과서라는 한 가지 길이 아니라 교사와 학생에 맞는 다양한 길을 통하여 도달하면 되기 때문이다. 성취기준이 도달점의 성격을 갖는 것은 곧 교실 수준 교육과정의 다양성 확보를 의미한다.

둘째, 2022 개정 교육과정 성취기준은 내용체계와의 정합성을 강화하였다. 2015 개정 교육과정 성취기준을 분석해보면 내용체계표에 있는 내용 요소들이 성취기준에는 빠져 있거나 반대로 성취기준에 있는 내용 요소가 내용체계표에는 제시되지 않는 경우가 있었다. 이처럼 내용체계표의 내용 요소와 성취기준의 정합성이 떨어지는 경우 교사들이 성취기준 재구조화 시 어려움을 겪을 수 있다. 따라서 2022 개정 교육과정 성취기준은 기본적으로 내용체계표의 지식·이해, 과정·기능, 가치·태도의 3가지 요소 중 2가지 이상의 조합으로 하나의 성취기준을 만들어내는 방식으로 정합성을 높일 수 있도록 개발하였다.

셋째, 역량 구현에 적합한 방식으로 진술되었다. 과거 성취기준은 교과 내용(지식) 중심으로 구성되어 내용과 지식 전달이 수업에서 차지하는 비중이 컸다. 이와 같은 방식은 깊이 있는 학습이 이루어지는 데 어려움이 있다. 따라서 성취기준이 교과 내용체계표의 과정·기능과 가치·태도 요소가 함께 어우러져 개발되어, 학생들이 각 교과 및 영역 고유의 사고방식과 탐구 과정, 절차적 지식, 가치와 태도를 내면화할 수 있도록 하였다. 또한 2022 개정 교육과정의 16+1 교육과정(한 학기 17주 기준 수업 시수 중 16주를 교과 수업으로 운영, 1주 분량은 자율 운영)과 고등학교의 학습량 적정화(1학점 학습량을 17회에서 16회로 조정)가 잘 운영될 수 있도록 성취기준이 과다한 내용을 포괄하지 않도록 개발하였다.

　넷째, 성취기준의 교수·학습과 평가의 자율권을 최대한 부여하는 방식으로 개발하였다. 성취기준이 지나치게 활동 중심으로 제시될 경우 교수·학습과 평가활동을 특정 방식으로 제한하는 부작용을 초래할 수 있다. 따라서 성취기준이라는 도달점(outcome)을 위해서 다양한 교수·학습과 평가가 이루어질 수 있도록 성취기준 안에 자율권을 발휘할 수 있는 공간을 최대한 확보할 수 있는 방향으로 개발되었다.

2022 개정 교육과정 성취기준 코딩번호 읽는 법

구분	제시 방식	예시
학년 (군)	• 학년군의 마지막 학년의 숫자를 제시함 • 고등학교는 12로 표시하되, 공통과목은 10으로 표시함	• 초등학교 1~2학년군 → 2 • 초등학교 3~4학년군 → 4 • 초등학교 5~6학년군 → 6 • 중학교(7~9학년) → 9 • 고등학교 공통과목 →10 • 고등학교 선택과목 →12

교과목	• (초·중학교) 교과목의 1개 글자를 제시함 • (고등학교) 교과목의 2개 글자를 제시함. 단, 로마자가 있을 경우 3개 글자를 제시함	• 국어 → 국 • 과학 → 과 • 화법과 작문 → 화작 • 심화수학 I → 심수 I
영역	• 해당 교과(목)의 교육과정에 제시된 영역의 순서를 두 자릿수의 숫자로 제시함	• 5번째 영역 → 05
성취 기준	• 해당 영역에 제시된 성취기준의 순서를 두 자릿수의 숫자로 제시함	• 해당 영역의 3번째 성취 기준 → 03

출처 : 한국교육과정평가원, 2022a

일반적인 교과의 경우 코딩체계에 의하여 영역과 성취기준을 구분할 수 있지만, 과학 교과는 단원 중심으로 성취기준이 개발되어 영역과 코딩번호가 일치하지 않는다. 과학과 교육과정은 운동과 에너지, 물질, 생명, 지구와 우주, 과학과 사회 5가지 영역으로 구성되었지만, 성취기준은 각 영역별로 코딩번호가 부여된 것이 아니라 단원을 기준으로 부여되어 영역에 해당하는 코딩번호가 23번까지 있다. 사회과 교육과정은 영역 코딩번호와 성취기준이 일치하기는 한다. 하지만 일반사회, 지리, 역사 단위의 큰 영역으로 구분하지 않고 모학문에 기반한 작은 단위의 영역으로 분류되어 있다.

학교 자율시간을 활용한 교육과정을 디자인하는 방법들을 상세하게 제시하였다. 학교 자율시간을 활용한 교육과정 실천 경험을 바탕으로 교육과정 설계와 운영에 필요한 실제적인 사항들을 제시하였다.

4

Part

학교 자율시간을 활용한
교사 교육과정 디자인 노하우

FREE 학교자율시간

깊이있는학습

학교 자율시간,
어떻게 만들어내는가?

학교 자율시간은 다음에 제시된 2022 개정 교육과정 총론 내용에 의거하여 초등학교와 중학교에서 편성·운영한다.

학교 자율시간 편성·운영─초등학교

3) 학교는 3~6학년별로 지역과 연계하거나 다양하고 특색 있는 교육과정 운영을 위해 학교 자율시간을 편성·운영한다.

　가) 학교 자율시간을 활용하여 이 교육과정에 제시되어 있는 교과 외에 새로운 과목이나 활동을 개설할 수 있으며, 이 경우 시·도 교육감이 정하는 지침에 따라 사전에 필요한 절차를 거쳐야 한다.

　나) 학교 자율시간에 운영하는 과목과 활동의 내용은 지역과 학교의 여건 및 학생의 필요에 따라 학교가 결정하되, 다양한 과목과 활동으로 개설하여 운영한다.

　다) 학교 자율시간은 학교 여건에 따라 연간 34주를 기준으로 한 교과별 및 창의적 체험활동 수업 시간의 학기별 1주의 수업 시간을 확보하여 운영한다.

학교 자율시간 편성 · 운영—중학교

3) 학교는 지역과 연계하거나 다양하고 특색 있는 교육과정 운영을 위해 학교 자율시간을 편성 · 운영한다.

　가) 학교 자율시간을 활용하여 이 교육과정에 제시되어 있는 교과목 외에 새로운 선택과목을 개설할 수 있다.

　나) 학교 자율시간에 개설되는 과목의 내용은 지역과 학교의 여건 및 학생의 필요에 따라 학교가 결정하되, 학생의 선택권을 고려하여 다양한 과목을 개설 · 운영한다.

　다) 학교 자율시간은 학교 여건에 따라 연간 34주를 기준으로 한 교과별 및 창의적 체험활동 수업 시간의 학기별 1주의 수업 시간을 확보하여 운영한다.

　위 총론을 기준으로 2022 개정 교육과정이 적용되는 시기부터 초등학교와 중학교는 학교 자율시간을 운영해야 한다. 이에 대한 구체적인 사항은 다음과 같다.

<u>〈2022 개정 교육과정 초등학교 해설서(교육부, 2024)〉 中
학교 자율시간 부분</u>

학교 자율시간 편성 · 운영

　학교는 학교 자율시간을 반드시 편성 · 운영해야 하며, 운영 학년 · 학기에 관한 사항은 학교장이 시 · 도 교육청 지침에 따라 결정한다. 학교에서는 국가 교육과정에 제시되어 있는 교과 외에 새로운 과목이나 활동을 개설한다. 새로운 과목이나 활동은 관련 교과(군)에 편성하며, 이때 해당 교과(군)는 20% 범위 내에서 시수를 증감하여 편성 · 운영할 수 있다. 단, 체육, 예술(음악/미술) 교과는 기준 수업 시수를 감축하여 편성 · 운영할 수 없다. 또한, 새로운 과목이나 활동을 개설할 때 세부 절차와 방법은 시 · 도 교육감이 정하는 지침에 따른다. '과목'으로 개설할 경우 평가는 편성된 교과(군)에 준하여 시 · 도 교육청의 학업성적관리시행지침에 따라 실시한다.

학교 자율시간의 시수 확보 및 운영

학교 자율시간은 원칙적으로는 연간 34주를 기준으로 교과별 및 창의적 체험 활동 수업 시간 수의 학기별 1주의 수업 시간을 확보하여 학기 단위로 운영한다. 학교 자율시간은 실제 교육과정을 운영하는 시간을 기준으로 각 학년에서 편성 한 '총 수업 시간 수'에 따라 편성한다. 예를 들어, 초등학교 3~4학년의 학교 자율 시간 운영 시수는 다음과 같이 확보할 수 있다. 초등 3~4학년은 학기당 29시간, 5~6학년은 각 32시간의 학교 자율시간을 운영할 수 있다. 학교 자율시간 확보를 위하여 운영 시수의 순증도 가능하며, 시수 확보 과정에서 특정 과목이나 영역의 시수가 지나치게 줄지 않도록 유의하여 균형 있는 학습이 이루어질 수 있도록 한 다. 이렇게 확보된 학교 자율시간은 특정 월이나 주에 집중적으로 운영하거나, 학 기 내에 분산 운영할 수 있다.

출처 : 교육부, 2024a

〈2022 개정 교육과정 중학교 해설서(교육부, 2024)〉中
학교 자율시간 부분

학교 자율시간 편성 · 운영

학교 자율시간의 운영 학년 · 학기에 관한 사항은 시 · 도 교육청의 지침에 따 라 학교장이 결정하되, 한 학기 이상 반드시 편성 · 운영한다. 학교 자율시간의 운 영 시수는 연간 34주를 기준으로 교육과정을 편성할 때 교과별 및 창의적 체험활 동 수업 시간의 학기별 1주의 수업 시간이며, 이를 학기 단위로 편성 · 운영하도록 한다. 그리고 교과(군)별 및 창의적 체험활동의 시수는 20% 범위 내에서 증감할 수 있으므로, 학교 자율시간을 교과(군)에 편성할 때도 교과(군)별 증감 범위와 기준에 따라 편성해야 한다. 즉, 학교 자율시간 과목의 시수는 관련 교과(군) 시수의 20% 범위 내에서 확보하여 운영할 수 있다. 이때, 특정 교과 및 창의적 체험활동 영역에서 학교 자율시간 시수 확보를 위해 지나치게 시수를 감축하게 되면 해당 교과 및 활동에서 요구하는 학습을 저해할 수 있으므로, 학습이 균형 있게 이루어지도록 유의하며 학교 자율시간을 편성해야 한다.

또한 교과(군)별 시수의 20% 범위 내 '감축' 운영 지침의 경우 체육, 예술(음악/미술) 교과(군)에는 적용할 수 없으므로, 학교 자율시간을 편성할 때도 체육, 예술(음악/미술) 교과(군)의 기준 수업 시수를 감축하여 운영하지 않도록 주의해야 한다. 즉, 학교 자율시간을 통해 체육, 예술(음악/미술) 교과(군)과 관련된 새로운 선택 과목을 개설하여 운영하여도 해당 교과(군)의 기준 수업 시수인 272시간 미만으로 감축하여 운영할 수 없다. 학교 자율시간 시수 확보 및 편성 방안과 관련하여 시·도 교육청별로 구체적인 지침을 제공할 수 있으므로, 소속 시·도 교육청의 교육과정 편성·운영 지침이나 안내 자료 등을 확인해야 한다.

[예] 〈○○중학교의 학교 자율시간 편성·운영 시수〉

○○중학교는 총 수업시수 3,366시간이므로 연간 34주 기준으로 학기별 1주 수업량은 33시간임. 따라서 학교 자율시간은 한 학기에 33시간을 편성·운영함.

출처 : 교육부, 2024a

학교 자율시간 시수	시수
교과와 창의적 체험활동의 3년간 총 시수	3,366시간
교과와 창의적 체험활동의 연간 총 시수	1,122시간
교과와 창의적 체험활동의 연간 주당 평균 수업 시수	66시간 (1,122시간÷17주)
교과와 창의적 체험활동의 학기별 주당 평균 수업 시수	33시간

〈2022 개정 교육과정 톺아보기(교육부, 2024)〉中

학교 자율시간 편성 운영 방식(초 · 중 공통 사항)

- 학교 자율시간 해당 학년, 학기

  초등학교(3~6학년), 중학교(1~3학년) 내 한 학기 이상 편성 · 운영(매 학년, 매 학기 편성 가능)

  학교의 여건에 따라 3~6학년 중 필요로 하는 학년이나 학기를 중심으로 편성 가능

  ※ 단, 1, 2학기 분산운영 불가(예, 생태과목 29시간을 1학기 19시간, 2학기 10시간으로 분산하여 운영 불가)

- 시간 운영 방법

유형	편성방식	비고
지속형	매주 학교 자율시간의 시수 활용	- 매주 시수 활용 시 과목(활동) 운영의 지속성과 안정석 확보 가능 - 교과 간 융합 과목(활동)의 개설 운영에 용이
집중형	학기 초, 학기 중, 학기 말에 집중적으로 학교 자율시간의 시수 활용	- 학교의 필요에 따라 유휴 시간에 활용 가능 - 과목(활동)의 특성에 따라 집중적인 학습 가능
혼합형	지속형과 집중형의 혼합	- 일정 기간 '지속형'으로 학교 자율시간 운영 후 학기

- 평가

  학교 자율시간을 '과목'으로 편성하는 경우, 편성된 교과(군)의 평가 방식에 준하여, 시도교육청의 학업성적관리 시행지침에 따라 실시해야 함.

출처 : 교육부, 2024b

이상의 내용을 종합해보면 학교 자율시간에 대한 운영 방법을 다음과 같이 정리할 수 있다.

	초등학교	중학교
운영방식	과목 혹은 활동	과목
운영학년	3~6학년 내 한 학기 이상 운영	1~3학년 내 한 학기 이상 운영
학기당 시수	학교 자율시간 학기당 시수 = 해당 학년 총 시수 ÷ 34	

초3학년	초4학년	초5학년	초6학년	중학교
29시간	29시간	32시간	32시간	33시간

※ 위 시간은 총 시수를 기준시수로 편성 시 학기당 자율시간임.

시수 편성 시 유의사항	과목이나 활동은 관련 교과(군)에 편성하며, 이때 해당 교과(군)는 20% 범위 내에서 시수를 증감하여 편성·운영할 수 있음. 단, 체육, 예술(음악/미술) 교과는 기준 수업 시수를 감축하여 편성·운영할 수 없음.
운영 시 유의사항	1, 2학기 분산운영 불가(예, 생태과목 29시간을 1학기 19시간, 2학기 10시간으로 분산하여 운영 불가)

위 방식에서 자율시간을 교과(군)에 편성한다는 것을 이해하기 위해서는 교과와 과목 간의 관계를 알아야 한다. 예를 들면 국어가 교과에 해당하고 국어 교과에 속한 화법과 언어, 독서와 작문 등이 과목이 되는 것이다. 따라서 생태라는 과목을 개설한다면, 생태와 내용체계가 유사한 과학교과(군)에 편성하는 것이다.

<중학교 학교자율시간 과목 편성(예시)>		
구분	교과	과목
국어	국어	국어
		생활 속 문학 학교자율시간
사회(역사 포함)/도덕	사회	사회
	역사	역사
	도덕	도덕
수학	수학	수학
과학/기술·가정/정보	과학	과학
	기술·가정	기술·가정
	정보	정보
체육	체육	체육
		생활스포츠의 이해 학교자율시간
예술(음악/미술)	음악	음악
	미술	미술
영어	영어	영어
선택	한문	한문
	보건	보건

(교과(군)이 맨 왼쪽 열 전체에 세로로 걸쳐 있음)

출처 : 교육부, 2024b

학교 자율시간,
몇 시간이면 되겠니?

2022 개정 교육과정 고시 이전에 학교 자율시간을 활용하여 교육과정을 만든 사례들을 분석해보면 시간 설정 편차가 꽤 많이 나는 것을 확인할 수 있다. 교육청 장학자료를 찾아보면 200시간에 근접하는 시간을 학교자율 교육과정 시수로 설정하여 운영하는 안내 자료를 쉽게 찾아볼 수 있다. 반대로 많지 않은 시간을 설정하여 학교자율 교육과정으로 운영하는 학교들도 있다. 학교나 교사의 자율 교육과정을 위한 시간은 어느 정도가 과연 적절할까?

자율시간의 시수에 대한 고민은 후순위다. 학교자율 교육과정을 어떤 내용으로 어떻게 운영할지에 대한 고민이 우선되어야 한다. 많은 내용과 다양한 방법들로 학교 자율시간을 활용한 교육과정을 운영한다면 자율시간이 많이 필요할 것이다. 반면 학생들에게 특정 교육 가치를 심어주기 위해 굵고 짧은 방식으로 학교 자율시간을 활용한 교육과정을 운영한다면 그리 많은 시간이 필요하지 않을 것이다. 실제로 필자가 신학기 준비기간 학교 단위 교육과정 세움 주간에 컨설팅 차원에서 선생님들과 만나보면 학교 자율시간을 활용한 교육과정에 대한 내용 및 방식의 고민보다 자율시간 숫자를 먼저 정하고 시작하는 경우가 적지 않았다. 하지만 이런 방식은 숫자라는 보이지 않는 울타리에 교육내용을 가두어두는 결과를 초래한다.

학교 자율시간을 활용한 교육과정을 운영할 때 필요한 시수는 교육내용과 방법들을 우선 고민하고 그 다음으로 이에 적절한 시간을 정해야 한다. 학교 자율시간을 활용한 교육과정 내용을 정하고 이를 교과 교육과정과 비교 분석하면 필요한 자율시간의 시수가 명확하게 드러난다. 학교 자율시간을 활용한 교육과정은 그 내용의 성격에 따라서 학교 자율시간 시수를 활용하는 방식이 2가지로 설정된다.

첫째, 학교 자율시간을 활용한 교육과정 주제와 연계할 성취기준이 있는 경우는 다음과 같이 운영한다. 학교 자율시간을 활용한 교육과정 내용이나 방법들을 선정하면 기존 교과 교육과정 성취기준과 연계할 수 있는 것들이 있다. 성취기준에는 찾아볼 수 없지만 교과별 내용체계표에서 유사한 것을 찾을 수도 있다. 이럴 경우에는 굳이 따로 학교 자율시간으로 시수를 할애하기보다는 기존 교과 교육과정 시수 안에 주제에 맞는 맥락으로 성취기준을 풀어나가면 된다. 예를 들어 학교 자율시간을 활용한 교육과정 주제가 지속가능발전 교육이나 생태전환 교육일 경우 이 내용과 관련된 성취기준을 활용한 수업은 학교 자율시간 시수가 아닌 해당 교과 시수로 설정하여 운영하면 되는 것이다.

둘째, 학교 자율시간을 활용한 교육과정 주제와 연계할 교과 성취기준이 없는 경우이다. 과거에는 이러한 교육내용을 유사한 성취기준과 억지로 연계하여 교과 시수로 편성하여 운영하였으나. 그러나 이러한 수업이 많아질수록 학생들이 기본적으로 이수해야 하는 성취기준들이 제대로 충족되지 못하는 부작용이 생겨났다. 자율시간을 활용하여 운영하고자 하는 교육과정 주제와 교과 성취기준 간의 연계성이 떨어지는 경우 창의적 체험활동의 자율·자치 활동으로 편성하여 운영하는 것도 가능하나 이 역시 부작용이 있다. 실제로 학교 현장에서는 각종 법정 이수 교육과 안전교육, 범교과 학습 내용으로 창의적 체험활동을 운영하다 보니 창의적인 교육내용으로 채울 공간이 없다는 말이 항상 나오고 있다.

이때 필요한 것이 학교 자율시간이다. 각 교과와 억지로 연계하는 것이 문제가 되고 창의적 체험활동 시간을 차지하는 각종 법정 교육내용을 당장에 없앨 수 없다면, 학교 자율시간을 편성하여 말 그대로 자율적인 교육과정을 운영하면 되는 것이다. 학교에서 정한 자율시간을 활용한 교육과정 주제를 선정하고, 이 주제를 교과 성취기준과 연계할 수 있는 내용들을 덜어내고, 꼭 필요한 내용으로 학교 자율시간을 설정한다면 학교 현장에 크게 부담되지 않는 시간만큼 학교 자율시간이 편성·운영될 수 있다.

학교 자율시간 유형 1 : 교과 기반형

학교 자율시간을 활용하는 교육과정 운영 방식에 따라서 시수의 양과 산출 방식이 달라질 수 있다. 교과 내용에 기반한 융합형 교육과정을 수립하는 방식과 교과라는 틀에 얽매이지 않고 순수하게 학교 자체 교육내용으로 만드는 방식이 있다. 학교 특색 교육과정의 양을 최대한 확대하여 운영할 수 있도록 창의적 체험활동과 연계하여 운영하는 방식도 있다. 이 3가지 유형 중 학교 자율시간을 활용한 교육과정을 만드는 가장 일반적인 방식은 '교과 기반형'이다.

학교 자율시간을 활용한 교과 기반형 교육과정 설계 과정은 다음과 같다. 먼저 학교에서 학교 자율시간을 활용한 교육과정 주제를 선정한다. 예를 들어 주제가 생태교육인 경우 기본적인 교육과정 내용은 여러 교과를 기반으로 설계한다. 교과 내용체계와 성취기준에도 생태와 직간접적으로 관련된 내용이 있으니 이를 활용한다. 다음으로 교과 성취기준에서 자유로운 활동들을 추가해서 교육과정의 완성도를 높인다. 이때 필요한 것이 학교 자율시간이다. 기존 교과 성취기준을 활용한 교과 연계 교육에서는 교과라는 틀에 맞춰 교육이 이루어졌지만, 자율시간에는 성취기준에서 벗어나 실생활과 연계된 좀더 확장되고 살아있는 교육과정을 만들 수 있다. 이때 학교 밖 마을 교육 자원을 활용할 수 있고, 교과에서 배운 내용들을 기반으로 프로젝트형 교육과정을 운영할 수도 있다.

교과 기반형 학교 자율시간 활용 교육과정

교과 기반형 학교 자율시간 활용 교육과정은 시수 편성에 대한 부담과 어려움이 덜할 수 있다. 학교 자율시간을 먼저 도입하고 있는 지역에서는 새로운 시수를 편성해내는 것에 대한 부담과 어려움을 이야기하는 선생님들을 종종 만날 수 있다. 그러나 기존 주제 통합 교육과정 재구성과 같이 교과 성취기준과 연계하여 교육과정을 설계하고, 교과 틀에서 벗어난 보다 확장되고 학교 특색을 살린 교육, 마을 교육 자원을 활용한 교육을 위한 최소한의 시간을 학교 자율시간으로 편성한다면 학교 자율시간이라는 새로운 공간을 채우는 것에 대한 부담에서 조금은 벗어날 수 있다. 다만 교과에 기반한 학교 자율시간 활용 교육과정을 설계할 때 주의해야 할 사항이 있다.

예를 들어 다문화를 주제로 교과 기반 교육과정을 구성하는 경우를 생각해보자. 아래 그림을 보면 도덕과와 사회과 성취기준은 다문화라는 주제와 직접적인 관련이 있다. 그러나 국어과 성취기준을 다문화라는 주제를 위해서 사용한다면 기존 성취기준의 역할이 축소될 수밖에 없다.

다문화를 주제로 한 교과 기반 교육과정 구성의 예

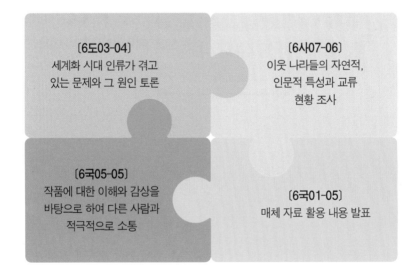

다문화라는 색깔을 무리하게 덧입히다 보면 원래 성취기준 본연의 목적인 '작품에 대한 이해와 감상을 바탕으로 하여 다른 사람과 적극적으로 소통', '매체 자료 활용 내용 발표'에 대한 부분이 약해질 수 있기 때문이다. 즉, 성취기준을 주제를 위한 도구로 활용한다면 성취기준 자체의 역할이 축소될 수 있다는 의미이다. 교과에서 성취기준의 지식·이해와 과정·기능, 가치·태도 등 기본요소가 충분히 이수될 수 있도록 하고, 이를 적용하고 활용하는 맥락에서 주제를 활용한 교육과정을 운영하는 것이 적절하다.

학교 자율시간 유형 2 :
순수 자율시간 기반형

2022 개정 교과 교육과정은 교과별 한 학기를 기존 17주에서 16주로 하고 이를 기준으로 성취기준과 교과 내용을 개발하였다. 즉, 16+1 설계 원리에 의하여 16주 동안 이수할 수 있는 분량으로 교과 내용과 성취기준이 선정되었다. 따라서 교과 기본 편제 시수에서 16주는 순수 교과로, 나머지 1주는 학교 자율시간 교육과정으로 운영할 수 있다.

학교에서 정한 자율시간을 활용한 교육과정 주제를 오직 학교 자율시간에만 운영하는 방식이다. 이 경우 학교 자율시간을 성취기준의 맥락에서 벗어나 학교의 특색에 맞추어 자유롭게 내용을 구성할 수 있다. 학교 자율 교육과정 주제를 마을 기반 프로젝트로 운영한 학교에서 성취기준에 구애받지 않고 무학년제의 방식으로 자유롭게 운영하기 위하여 이와 같은 방식을 택한 경우가 있었다. 이 방식은 교과 성취기준은 교과시간

순수 자율시간을 학교자율 교육과정으로 운영

시수 안에서 이수하고, 학교 자율시간에는 성취기준 없이 학교 특색에 맞는 활동을 자유롭게 운영하는 방식이다.

하지만 학교에서 정한 주제와 연관된 성취기준이 있는 경우 해당 성취기준을 교과서 등을 활용하여 교과 시수 안에서 이수하고, 학교 자율시간을 활용하여 주제 맥락에서 다시 한번 성취기준을 적용하고 활용할수 있는 방식으로도 운영할 수 있다. 성취기준이 학교 자율시간에도 쓰인다는 것은 그것이 실제 생활 속에서 활용빈도가 높은 성취기준일 가능성이 크다. 이 경우 교과에서 기초를 충실히 다지고, 학교 자율시간에서 실생활 주제와 연계하여 다시 한번 교육하는 방식으로 해당 성취기준을 집중 강화할 수 있다.

학교 자율시간 유형 3 : 학교 자율시간 Max형

2022 개정 교육과정에 의하여 학교 자율시간이 도입되기 이전에도 학교 만의 자율 시수 편제를 활용하는 것을 지침으로 보장한 지역이 있다. 바로 경기도(학교자율과정), 충청남도(학교자율특색과정), 충청북도(학교자율탐구과정), 인천광역시(학생 중심 자율교육과정), 전라북도(학교교과목)이다. 이 지역에서는 교과별 ±20% 증감 규정을 이용하여 학교자율 교육과정을 운영하였다. 따라서 학교 자율로 편성가능한 시수가 100시수 이상이었고, 실제 100시간이 넘는 시간을 학교 자율 시수로 편성하는 학교들도 있었다. 이런 학교에서는 2022 개정 교육과정 편성·운영 기준에 의한 학교 자율시간 시수가 기존의 20% 증감 규정에 의한 자율 시수보다 줄어들었다고 생각할 수도 있다.

그러나 2022 개정 교육과정은 교과 교육과정 개발 단계에서부터 범

학교 자율시간과 창의적 체험활동 연계 운영

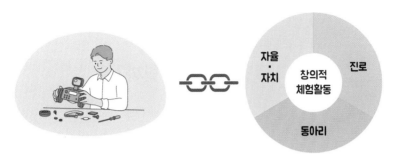

교과 주제들을 교과 성취기준 안에서 이수할 수 있도록 개발하였기 때문에, 창의적 체험활동을 본연의 취지에 맞게 학교 자율로 운영하는 시수를 최대한 확보할 수 있다. 학교에서 관행적으로 창의적 체험활동 시수로 배정하는 각종 행사들을 제외하더라도, 학교자율 교육과정 주제와 연결할 수 있는 시간을 충분히 확보할 수 있는 셈이다.

이 외에도 2022 개정 교육과정에서는 교과와 창체 간 시수 넘나들이가 가능해졌기 때문에 창의적 체험활동 시수를 102시간에서 더욱 증배할 수 있다. 그렇기에 학교 자율시간을 활용한 교육과정을 창의적 체험활동의 자율·자치 영역과 연계하여 운영할 수 있다. 활동 내용이 진로와 연계될 경우에는 진로활동 영역을 통해서 운영할 수 있고, 학생 선호에 의한 동아리 방식으로 운영할 경우에는 동아리 활동과 연계해서 운영할 수 있다.

학교 자율시간,
무엇을 담아야 할까?

학교 자율시간 안에 무엇을 담아야 할까? 쉽게 주제라는 단어로 표현할 수도 있다. 하지만 이것은 전체 교육과정의 방향성 차원에서 생각해야 한다. 해당 주제가 학교 자율시간뿐 아니라 이 주제와 관련된 교과에도 영향을 미칠 수 있기 때문이다.

그렇다면 학교 자율시간에 넣을 수 있는 내용에는 무엇이 있을까? 우선 일반적으로 생태전환이나 시민성, 다문화, 세계시민 등과 같은 특정 교육내용으로 학교 자율시간 테마를 선정할 수 있다. 이처럼 교육 테마를 기반으로 학교 자율시간의 방향성을 잡을 수도 있지만, 학교 교육과정의 방향을 비전과 연계한 가치로 정할 수도 있다. 자신감, 협력, 관계, 행복, 배려, 감성 등과 같이 학생들에게 필요한 교육적 가치를 정하고 이 가치를 구현하기 위한 주제들로 학교 자율시간 내용을 구성할 수 있다.

학교 자율시간 안에 담을 수 있는 것

☑ 테마 : 생태전환(기후위기, 지속가능발전), 시민성(민주시민),
　　　　 다문화, 세계시민, 진로(꿈), 디지털 · AI
☑ 가치 : 자신감, 협력, 관계, 행복(즐거움), 배려, 감성
☑ 역량 : 미래역량, 디지털 리터러시, 창의성
☑ 프로젝트 : 마을 기반 프로젝트, 함께하는 공동체 만들기

　학교의 전체적인 교육목표를 구현하기 위한 역량을 설정하고 이 역량과 관련된 주제들로 학교 자율시간의 방향을 정할 수 있다. 이 경우 각 역량별로 특화된 주제들을 선정하여 다양하게 학년별 자율시간 주제를 만들 수도 있다. 이 외에 학생들의 삶과 연계한 프로젝트 등 문제해결력을 강화할 수 있는 교육 방식으로 학교 자율시간 운영 방향을 정할 수 있다.

　위에 제시한 테마, 가치, 역량, 프로젝트 등은 현재 학교 자율시간을 활용한 교육과정을 운영하는 학교들의 주제들을 분석하여 분류한 것이다. 실제 학교 자율시간에 이루어지는 교육과정이 교육적 가치를 더하기 위해서는 이 4가지 기준들이 복합적으로 고려, 반영되어야 할 것이다.

학교 자율시간,
처음부터 끝까지 설계 프로세스

학교 자율시간을 운영하기 위한 설계 프로세스는 다음과 같다. 이제부터 프로세스의 각 단계에 대해 자세히 살펴보도록 하겠다.

1. 학교 자율시간 적용 교육과정 설계 준비
   ① 학교(지역, 학생, 교사) 실태 분석
   ② 자율시간 설정을 위한 설문 및 토론회 실시
   ③ 교육과정 연계 교육 자원 선별(지자체 및 교육지원청 교육 프로그램 등)
2. 자율시간 적용 학교 수준 교육과정 설계
   ① 학교 교육과정 주제 설정(비전 · 실태 · 교육공동체 협의 기반)
   (전 학년 같은 주제로 선정 또는 학년별 개별 주제로 운영 등)

② 운영 방식 설정(전 학년, 3~6학년 등 자율시간 적용 학년 선정)

③ 학교 전체 교과 편제 · 시수 설정(학년별 편제 · 시수를 종합한 상향식 설정)

④ 학년별 교육과정 주제 분석 후 일관성 및 중복 조정

3. 자율시간 적용 학년-교사 수준 교육과정 설계

① 학년 교육과정 세부 주제 선정

② 학년 교육과정 분석을 통한 주제 관련 세부 교육내용 선정

③ 교과 편제 및 시수 산정(교과별 감축 시수 및 자율시간 산정)

④ 자율시간 운영을 위한 교육내용 선정 · 조직

⑤ 자율시간 운영 방식 설정(시간 배정)

4. 교육과정 반성과 성찰

① 평가 및 환류를 통한 지속 운영, 수정 · 보완, 일몰 여부 결정

② 학교 선택과목 및 교과목으로 발전 여부 결정

1-① 학교 실태 분석

학교 자율시간은 학생과 지역의 특성을 반영한 교육과정을 만들기 위해 필요한 시간이다. 이를 위해서 먼저 학생과 지역, 학교 실태 분석이 필요하다. 교육과정을 만들기 전 실태 분석은 기본 공식과 같은 당연한 절차이지만 이를 언급하는 이유는 그다음 절차인 교육공동체 의견 수렴 시 학생과 학부모가 합리적 의사결정을 할 수 있도록 정선된 선택지를 제공하기 위해서이다. 학생과 학부모에게 아무런 선택지 없이 자율시간을 어떤 내용과 얼마만큼의 시간으로 운영할지 물어보는 것보다는 실태

에 기반한 정선된 선택지를 제공하고 함께 의사결정하는 것이 보다 효율적인 의견 수렴 방법이기 때문이다.

학생 실태 분석 시에는 가장 먼저 학생들의 학력에 대한 분석이 필요하다. 기초학력이 떨어지는 학생들에게 무리하게 교과 시수를 감축하여 자율시간을 확대하는 것은 오히려 자율시간이 역효과로 작용할 수도 있기 때문이다. 그 밖에 사교육을 받는 학생, 다문화 학생, 학교폭력 발생 비율 등 인성 관련 실태에 대한 다양한 분석이 필요하다.

지역 실태의 경우 학교 주변 교육환경(농산어촌의 경우 생태교육과 연계할 수 있는 학교 환경), 마을과 연계한 마을 교육과정으로 만들 수 있는 학교 주변 마을의 특징 등을 분석한다. 그리고 학교가 속한 시군 지역의 교육 인프라 등을 분석하여 자율시간에 활용할 수 있는 지역 교육 프로그램 목록을 확인한다.

그리고 무엇보다 중요한 것은 교사 실태 분석이다. 학교에 근무하고 있는 동료 선생님들의 교육과정 재구성 및 프로젝트 수업 등 경험 유무, 교육과정 문해력 수준 등 자율시간 운영을 위한 교직 경력 등에 대한 진단이 필요하다.

1-② 자율시간 설정을 위한 설문 및 토론회 실시

실태 분석 단계를 통하여 정리된 내용들을 기반으로 학교 자율시간에 대한 설문 문항을 제작한다. 학교 자율시간의 양과 내용, 방법 등 3가지에 대하여 교육공동체 모두의 의견을 담아낼 수 있는 설문이 필요하다. 학교 자율시간을 몇 시간으로 설정할 것인지, 또 이를 위해서 어느 교과에서 얼마만큼의 양(시수)를 덜어낼 것인지에 대한 설문이 필요하다.

그리고 어떤 내용으로 학교 자율시간을 운영할지에 대한 의견 수렴이 필요하다. 학교 자율시간의 주제로 앞 단계에서 분석한 학생의 실태와 밀접한 내용(학교폭력이 자주 일어나는 학교는 회복적 생활교육, 다문화 밀집 지역의 학교는 다문화교육)뿐만 아니라 시대적으로 학생들에게 필요한 교육 주제들도 선택의 예로 제공되어야 한다. 국가 교육과정이나 지역 교육과정의 개정 속도는 사회변화 속도를 따라잡을 수 없다. 그렇기 때문에 국가 사회적으로 필요한 교육 주제들을 선별하고 이를 학교 자율시간의 주제 중 하나의 선택지로 제공할 수 있어야 한다. 다음은 학생, 교원, 학부모를 대상으로 하는 학교 자율시간 설문지의 예시들이다.

학생 대상 학교 자율시간 관련 설문지

1. 여러분이 공부해보고 싶은 교육 주제는 무엇입니까?

　① 시민성 함양 교육　　　　　② 생태교육

　③ 국제이해·다문화교육　　　④ 진로교육

　⑤ 기타 _____

2. 기존 교과(국어, 수학, 체육 등) 외에 자유로운 주제를 공부할 수 있는 시간이 필요하다고 생각하십니까?

　① 필요함　　　　　　　　　② 필요하지 않음

교원 대상 학교 자율시간 관련 설문지

1. 다음 중 실천 경험이 있는 것에 표시해주시기 바랍니다.

내용	실천 여부	내용	실천 여부
교육과정 재구성		성취기준 재구조화	
주제 중심 교육과정		프로젝트 수업	

2. ○○초 학생들을 위하여 필요한 교육 주제는 무엇이라고 생각하십니까?

   ① 시민성 함양 교육　　　② 생태교육　　　③ 국제이해 · 다문화교육

   ④ 진로교육　　　　　　　⑤ 기타＿＿＿＿＿＿＿＿＿＿＿＿＿＿＿＿

3. 2에서 선택한 교육을 위하여 교과 외 자율시간이 필요하다고 생각하십니까?

   ① 필요함　　　　　　　　　② 필요하지 않음

4. 자율시간을 운영한다면 몇 학년에서 운영하는 게 적절하다고 생각하십니까?

   ① 3학년　　　　　　② 4학년　　　　　　③ 5학년

   ④ 6학년　　　　　　⑤ 모든 학년

5. 자율시간을 운영하기 위해서는 기존 교과 시수 감축이 필요합니다. 시수 감축을 하여도 무방한 교과 2가지를 선택해주시기 바랍니다.

   ①＿＿＿＿＿＿＿＿＿＿＿＿＿＿＿＿＿＿＿＿＿＿＿＿＿＿＿＿＿＿＿

   ②＿＿＿＿＿＿＿＿＿＿＿＿＿＿＿＿＿＿＿＿＿＿＿＿＿＿＿＿＿＿＿

학부모 대상 학교 자율시간 관련 설문지

1. ○○초 학생들을 위하여 필요한 교육 주제는 무엇이라고 생각하십니까?

   ① 시민성 함양 교육   ② 생태교육

   ③ 국제이해 · 다문화교육   ④ 진로교육

   ⑤ 기타_____

2. 1에서 선택한 교육을 위하여 교과 외 자율시간(학생들에게 필요한 교육을 위하여 교과 시간을 감축하여 학교 및 학급 자율교육을 할 수 있는 시간) 이 필요하다고 생각하십니까?

   ① 필요함   ② 필요하지 않음

3. 자율시간을 운영한다면 몇 학년에서 운영하는 게 적절하다고 생각하십니까?

   ① 3학년   ② 4학년   ③ 5학년

   ④ 6학년   ⑤ 모든 학년

4. 자율시간을 운영하기 위해서는 기존 교과 시수 감축이 필요합니다. 시수 감축을 하여도 무방한 교과 2가지를 선택해주시기 바랍니다.

   ①_____

   ②_____

　

교육공동체 의견 수렴은 설문지라는 양적 데이터뿐 아니라 대토론회 등의 질적 숙의의 과정 또한 함께 이루어져야 한다. 최근 학교는 학교자

치의 흐름에 의하여 학생회, 학부모회, 교사회가 구성·운영되고 있다. 각 교육공동체 구성원들이 설문 데이터를 기반으로 학생들에게 필요한 교육 주제를 함께 논의한다면 모두가 공감할 수 있는 학교 자율시간이 설정될 수 있다. 이러한 숙의 과정은 교육공동체 모두가 학생들에게 필요한 교육을 해야 한다는 일종의 '공동 합의 의식'의 역할도 할 수 있다.

　교육공동체 의견 수렴에서 특히 중요한 것은 교사의 의견 수렴이다. 아무리 좋은 주제로 자율시간을 구성하였어도, 자율시간 도입이 학교 주 의사결정권자의 목소리에 의하여 이루어졌다면 이 시간은 교사에게 '타율시간'이 되기 때문이다. 교사에게 학교 자율시간을 운영하고자 하는 의지와 역량이 없다면 자율시간은 종이 교육과정으로 끝날 수 있다. 실제 자율시간을 운영하는 학교를 살펴보면 선생님들 다수의 의지에 따라 자율시간이 운영되기보다는 소수 의사결정권자의 의견에 따라 운영 여부가 결정되고 교사들이 억지로 끌려다니는 식으로 운영되는 곳들이 많다. 따라서 교사 대상 교육과정 설문을 통해 학교 자율시간 도입 여부, 적절 시간과 주제, 방법 등에 대하여 의견을 수렴해야 하며, 전체 교원 모두가 모인 회의뿐만이 아닌 소인수 분임별 협의 등을 개최하여 모든 선생님들의 진솔한 의견을 들어보고 자율시간을 시작해야 한다.

　필자가 근무하는 학교는 교원 수만 100명이 넘는 대규모 학교이다. 다인수가 참여하는 회의에서는 보통 목소리 큰 소수의 의견으로 결론이 나기 쉽다. 그래서 모든 선생님들이 편한 분위기에서 각자의 목소리를 낼 수 있도록 소그룹을 구성하고, 각 소그룹에서 나온 이야기들을 전체 협의와 온라인 툴을 활용하여 공유하는 협의 방식을 취하였다. 이와 같은 협의 절차를 거쳤기 때문에 학교 자율시간 도입에 대하여 모든 선생님들이 수긍하고 함께 실천해보겠다는 분위기가 형성될 수 있었다.

온라인 툴 활용 소그룹 교육과정 협의

학생들의 의견 수렴도 설문지에 의한 양적 데이터와 함께 학생자치회 시스템을 적극 활용해야 한다. 최근 학교 학생자치 방향은 학생 주도적으로 스스로 학교의 문제를 발견하고 이를 학생들의 힘으로 해결할 수 있도록 하는 주도성을 추구하고 있다. 따라서 학생 주도성이라는 가치를 반영하여 우선 학급자치회를 통하여 '우리들이 공부하고 싶은 주제'를 학급별로 브레인스토밍하고 학급별 의견을 기반으로 학생자치회가 주도적으로 전체 학생의 의견을 수합해 관심 주제를 선정할 수 있도록 한다. 이 과정이 학생 주도적으로 이루어진다면 교사와 학생이 함께 만드는 교육과정으로 만들어갈 수 있다.

1-③ 교육과정 연계 교육 자원 선별

학생 중심 교육이라는 큰 테두리 안에 '마을 교육과정'이 함께 논의될 수 있다. 마을 교육과정은 학생들이 살고 있는 마을의 교육 자원을 교육과정의 한 부분으로 담아내는 것이다. 마을 교육 자원은 마을 실태와 밀접한 관련이 있는 인적·물적 교육 자원, 그리고 이러한 교육 자원을 기반으로 교육지원청과 지자체가 함께 만든 지역 실태 기반 교육 프로그램 등이다. 학교마다 정도의 차이는 있겠지만 이러한 마을 교육 자원은 교육과정의 한 부분으로 이미 들어와 있다. 실제 학교와 지자체 연계 교육 프로그램들을 분석해보면 대부분 전통적으로 지역 실태와 밀접한 연관이 있는 것들이 많다. 다문화 학생 밀집 지역에서는 다문화 관련 교육 프로그램이, 농산어촌 학교에서는 학교 주변 환경을 활용한 생태교육 프로그램이 학교 교육 프로그램으로 자리 잡은 식이다.

문제는 이러한 교육 자원들이 전체 교육과정과 맥락을 같이하여 시너지 효과를 발휘하는 것이 아니라 일회성 체험형 방식으로 소비되는 것이다. 마을 교육 자원이 자율시간을 활용한 교육과정 중 한 부분으로 제 역할을 할 수 있으려면 학교 자율시간을 활용한 교육과정 설계 시스템에 마을 교육 자원이 하나의 톱니바퀴로 들어올 수 있어야 한다. 이는 앞의 1-①, 1-② 교육과정 설계를 위한 준비 과정에서 '마을 교육 자원'도 주요 고려 대상 중 하나임을 의미한다.

2-① 학교 교육과정 주제 설정

학교 교육과정은 전체 학년과 교사들의 교육과정에 영향을 미친다. 교육과정 설문과 숙의의 과정을 통하여 정해진 학교 교육과정 주제는 각 교사 교육과정 설계의 등대 역할을 하게 된다. 일반적으로 주제라는 표현을 쓰지만, 학교 학생들이 여러 가지 교육적 가치 중 특히 더 성장하기를 바라는 부분을 의미한다. 따라서 주제의 성격에 대하여 자세하게 분석해 보고 주제의 다양한 측면을 고려하여 학교 교육과정을 설계해야 한다.

• 특정 교육내용으로 정할 것인가? 혹은 학생 성장 방향으로 정할 것인가?

일반적으로 학교 교육과정 주제는 시민성 함양 교육, 생태교육, 다문화교육 등 특정 교육내용을 중심으로 선정하거나 학생의 전인적 성장의 관점에서 미래 핵심역량을 선정할 수 있다. 특정 교육내용을 주제로 선정하는 경우는 학교 실태와 연계할 수 있다. 예를 들어 학교 주변의 생태

자원이 풍부한 학교는 생태교육을 주제로, 학교폭력이 다수 발생하는 학교는 학생들 간의 문제를 스스로 해결할 수 있는 민주시민의식의 가치를 심어줄 수 있는 주제로 선정할 수 있다. 핵심역량은 창의역량, 문제해결역량 등인데, 여러 가지 개인의 역량 중 학교 학생들이 특히 더 성장시키기 바라는 역량을 학교 교육공동체 구성원들이 합의하에 결정하여 이를 교육과정에 반영하는 방식이다.

학교 교육과정에서 교육내용에 의한 주제 설정은 교과 외 특정 주제에 대한 교육내용이 따로 필요하지만, 역량과 관련한 교육 주제는 특정 교육내용을 따로 교육하는 것보다는 각 교과에서 수업을 풀어나가는 방법적 측면에 영향을 미친다.

• 학교 전체 또는 학년(군)별 교육 주제 선정

학교 교육과정 주제는 전 학년 공통 주제를 선정할 수도 있고, 학년(군)별 개별 주제를 선택할 수도 있다. 전 학년 공통 주제를 선정하여 운영하는 경우 해당 학교 학생들이 발달단계에 맞게 체계적·지속적으로 동일 주제를 학습할 수 있고, 해당 학교의 교육 자원과 학생들의 실태를 반영해 교육 주제를 선정하기 때문에 학생 맞춤형 교육이 이루어질 수 있는 장점이 있다. 반면 동일 주제를 모든 학년에서 다루기 때문에 학년 간 교육내용 중복의 문제, 아이들의 발달단계상 같은 주제를 전 학년에 적용하는 데 따르는 어려움 등이 있을 수 있다.

학년(군)별로 주제를 선정하는 경우 학생들이 전체 학교생활 동안 다양한 교육 주제를 접할 수 있고, 학년(군)별로 교사들의 교육 역량과 학생들의 교육 니즈(요구)를 반영한 교육을 할 수 있다. 반면 학년(군) 단위로 교육 주제가 선정되기 때문에 해당 주제의 교육이 학생들에게 지속적으로 이루어지지 않아 교육적 효과가 반감될 수 있으며, 해당 학교 학생들에게 특화된 교육과정으로 자리 잡는 데 어려움이 있을 수 있다.

• 학교 교육과정 주제 선정 시 유의점

학교 교육과정 주제 선정 시 '층위'라는 개념을 염두에 두어야 한다. 전 학년의 다양한 교육과정 운영 방향을 모두 포괄하는 학교 교육과정 주제가 되기 위해서는 주제의 층위가 높아야 한다. 예를 들어 학교 교육과정 주제를 '시민성'으로 선정한다면 전 학년이 시민성이라는 한정된 영역에서 교육과정을 운영해야 한다. 하지만 이보다 층위를 높여 "○○초 미래 핵심역량"이라는 보다 층위가 높은 포괄적인 주제를 선정한다면 시민성 함양, 생태전환, 디지털·AI 등을 학년에서 자유롭게 선정하여 운영할 수 있다.

그리고 학교 교육과정과 학년 교육과정 주제 '선정 순서'에 대한 고민도 필요하다. 학교의 지역과 학생 실태가 뚜렷한 경우 다음 그림의 학교 주제 통합형과 같이 학교 교육과정 주제를 먼저 정하고 이 주제의 범위 안에서 학년 교육과정 주제를 정하는 방식이 적합할 수 있다. 반면 특정 교육 주제가 모든 학년의 아이들에게 필요하지 않은 학교에서는 학년별 개별 주제 선정형과 같이 학년별 아이들의 발달단계나 선호도, 학년 교사들의 교육철학과 비전 등에 의하여 학년별 교육 주제를 정하고 이를 포괄하여 학교 교육과정 주제를 나중에 선정할 수 있다.

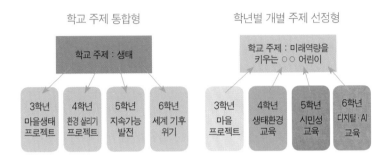
학교 교육과정 주제 선정 방식

2-② 운영 방식 설정

학교 자율시간을 반영한 교육과정은 이를 실제 운영하는 교사들의 실천 역량과 의지가 중요하다. 교육공동체 모두의 의견을 반영하여 세부 운영 방식을 선정할 수 있다.

• 초등학교 운영 방식

2022 개정 교육과정 총론에서 초등학교 학교 자율시간은 3~6학년 기준으로 제시되어 있다. 3~6학년에 학교 자율시간을 부여한 이유는 초등 1~2학년에서는 기존 교육과정 편제를 통한 기초·기본 교육이 중요하고, 1~2학년 교육과정은 통합교과를 통하여 학생 발달단계에 맞는 교과 통합형 교육을 기본으로 이루어지기 때문이다. 이를 반영하여 초등학교에서는 학교 자율시간을 반영한 교육과정 운영을 3~6학년에서 실시할 수 있다. 다만, 학교 자율시간을 처음 도입하는 학교에서 3~6학년 모

두에 바로 학교 자율시간을 적용하여 운영하려면 어려움을 겪을 수 있기 때문에, 교사들의 교육과정 전문성과 운영 의지 등을 고려하여 일부 학년에서 먼저 시작하고 해당 학년 교사들의 운영 노하우를 바탕으로 타 학년에서 확대 운영하는 방식으로 학교 자율시간을 운영할 수 있다.

• 중학교 운영 방식

중학교의 경우 자유학기제, 진로 연계 교육, 기존 선택과목 운영 학년과 학기 등 학년별 교육과정 운영을 고려한 학교 자율시간 설정이 필요하다. 자유학기제나 기존 선택과목이 적용되는 학기에 추가로 학교 자율시간을 설정하여 운영하는 것이 부담스러울 경우, 해당 내용이 적용되지 않는 학기에 학교 자율시간을 적용하여 운영할 수 있다. 반면 자유학기제와 시너지 효과를 발휘하기 위하여 자유학기제와 연계된 교육내용으로 학교 자율시간을 활용한 교육과정을 편성하여 해당 학년에서 함께 운영하는 방식을 고려할 수도 있다.

2-③ 학교 전체 교과 편제·시수 설정

• 초등학교 교과 편제·시수 설정

학교 자율시간을 반영한 교육과정에서 교과 편제 및 시수 설정은 학교 차원이 아닌 학년(군) 수준에서 설정해야 한다. 학교에서 일괄적으로 시수 감축 대상 교과와 교과별 감축 시수를 설정하면 학년 수준에서 교육과정을 운영하는 데 어려움이 있을 수 있다. 따라서 학교 전체 교과 편제·시수 설정 단계에서는 '조정' 역할에 초점을 맞추어야 한다.

• 중학교 교과 편제·시수 설정

중학교는 초등학교와 같이 교사 1명이 여러 교과를 수업하는 방식이 아니기 때문에 학교 자율시간을 반영한 교과 편제와 감축 시수에 제한이 있다. 따라서 중학교는 학교 차원에서 교과별 학교 자율시간 시수 설정에 대한 합의와 공동 설계를 해야 한다.

2022 개정 교육과정의 16+1의 교과 설계 방식을 활용해 교과별 1주 분량의 시수를 학교 자율시간 시수로 할애하는 방식이 가장 무난하다. 중학교는 교과별 교사 인원 등의 문제로 인해 1인당 교과 시수가 제한적이다. 그러므로 각 교사별 자신의 교과 시수 범위 안에서 1주 분량을 자율시간으로 할당하고 여러 교과에서 이 할당 시간과 내용들을 유기적으로 조합하여 학년의 자율시간 교육과정을 구성해야 한다.

2-④ 학년별 교육과정 주제 분석 후 일관성 및 중복 조정

학교 전체 비전과 실태, 교육공동체의 설문 등 숙의 과정을 거쳐서 학교 전체 자율시간을 활용한 교육과정 주제를 선정하고, 이 주제 아래 각 학년에서 실제 운영할 세부 주제를 선정한다. 이후 학교 차원에서 다시 전체 학년 주제들을 조망하고 조정하는 과정이 필요하다.

학교 차원에서 전체 학년 주제들을 조망할 때는 우선 계열성의 측면에서 살펴보아야 한다. 특정 주제가 해당 학교 특색을 살린 교육과정이 되기 위하여 저학년 과정에서 기초적 내용을 학습하고 학년이 올라갈수록 심화·발전되는 형식인지 함께 검토·조정해야 한다. 예를 들어 시민성 함양 교육이 학교 전체의 주제일 경우 저학년에서는 민주시민의 기초가 될 수 있는 인성과 공동체성을 신장할 수 있는 주제가 필요하고, 학년이 올라갈수록 민주시민의 의미를 알고 이를 실천할 수 있는 역량과 가치·태도를 함양할 수 있는 교육이 필요하다. 학년에서 세부 주제를 정하기 전 학교 차원에서 각 학년의 대표 교사들이 모여 전체적인 계열을 개괄적으로 선정할 필요가 있다.

계열성과 함께 학년 간 내용 중복의 문제도 함께 검토해야 한다. 앞서 예시로 제시한 시민성 함양 교육의 경우 미디어 리터러시 교육이 5학년과 6학년에서 중복되어 설정된 경우 학생 입장에서는 2년 동안 같은 내용으로 시민성 함양 교육을 받게 되어 교육적 효과가 반감될 수 있다. 따라서 신학기 준비 기간 각 학년에서 세부 교육 주제들을 선정하고 학교 차원에서 학년 대표 교사들이 모여 다시 한번 계열성과 중복의 문제를 조정해야 할 것이다.

3-① 학년 교육과정 세부 주제 선정

학년 교육과정의 주제 선정 단계는 실제 학년 교사들이 1년 동안 운영할 교육과정의 색을 정하는 단계이다. 학교 교육과정의 주제가 학교 전체 학생들이 함께 나아가야 할 방향으로 포괄적인 성격을 가진다면 학년 교육과정의 주제는 학교 교육과정 주제가 실제적 교육과정으로 연결될 수 있도록 보다 구체화되어야 한다.

학년 교육과정 주제를 선정하기 위해서는 해당 학년 학생들의 실태 분석을 바탕으로 1년 동안의 교육목표와 비전을 설정하고, 이를 기반으로 학년 교육과정 논의를 시작해야 한다. 학년 교육과정 주제가 실제 학년 교사들에 의하여 구현되기 위해서는 해당 학년의 성취기준, 아이들의 발달단계와 소속 교사들의 교육철학, 해당 학년과 연계된 외부 교육 자원 등이 종합적으로 고려되어야 한다. 이를 종합하여 학년 교육과정 주제는 다음의 3가지 방식으로 정할 수 있다.

- 학교 교육과정 주제 범위 안에서 선정

특정 주제를 학교 차원에서 선정하였다면, 학년에서는 이 주제 범위 안에서 교육과정 주제를 정할 수 있다. 교육 실태가 명확한 학교의 경우 그 실태를 반영한 구체적 교육과정 주제가 필요하며, 이는 학년 수준 교육과정에도 반영해야 하는 요소이다.

예를 들어 다문화 학생 밀집 지역의 경우 다문화에 대한 학교 주제 아래 각 학년의 수준과 특색을 고려하여 학년 교육과정 주제를 정하고, 생태나 학교 주변 환경자원이 풍부한 학교의 경우 생태교육 주제를 학교 주제로 선정하고 이를 학년 특색에 맞게 구체화하여 학년 교육과정의 주제를 정한다. 다만 전체 학년 교육과정 성취기준과 주제의 연계성이 떨어질 가능성도 있기 때문에 이런 경우에는 학교 자율시간을 적극 활용하여 학교 학생들의 실태를 반영한 특색 있는 교육과정을 설계해야 한다.

- 학년 특색 반영 교육과정 주제 선정

해당 학년 교육과정 내용이나 발달단계의 특징을 반영하여 학년 교육과정 주제를 선정할 수 있다. 예를 들어 2022 개정 교육과정에서 도입한 진로 연계 교육을 해야 하는 학년의 경우 해당 학년 교육과정 주제를 '진로'로 정할 수 있고, 학년 교육과정에 과학과 나의 진로, 진로 탐색 활동, 진로 설계 및 실천 활동 등과 관련된 교육내용이 있을 경우 이와 연계하여 학년 교육과정 주제를 정할 수 있다. 이 경우 학년 주제 관련 교육을 기존 교과 시수를 활용하여 운영할 수도 있다.

• 학교 + 학년 특색 반영 교육과정 주제 선정

학생 중심 교육과정을 위해서는 학교 구성원 전체가 합의한 교육 주제와 더불어 학년 발달단계와 교육내용을 반영하여 학년 주제를 선정하는 방식이 필요하다. 학년 교과 내용과 연계한 학년 특색 주제를 선정하여 교과 시간을 중심으로 교육과정을 설계하고, 동시에 학교 전체 주제와 관련된 내용으로 자율시간 교육과정을 운영할 수 있다.

학교 전체 주제가 시민성 함양 교육일 경우 민주시민(학교 주제)과 생태(학년 특색 주제)라는 독립적인 2가지 주제로 교육과정을 운영할 수도 있고, 학교 주제의 영역을 학년 특색으로 확장하여 민주시민(학교 주제)과 세계시민(학년 특색 주제)으로 운영할 수도 있다는 말이다. 이때 학년의 교과와 성취기준, 16+1의 교과 설계 자율시간 등을 적극 활용하여 교육과정을 융통성 있게 설계하는 방식이 필요하다.

3-② 학년 교육과정 분석을 통한 주제 관련 세부 교육내용 선정

학년 교육과정의 주제를 정하였다면, 이제 주제 구현을 위한 세부 교육내용을 선정해야 한다. 예를 들어 학년 교육과정 주제를 생태로 정하였다면, 보다 구체적으로 지속가능발전 교육, 마을 생태 환경 프로젝트 등 세부 교육 주제들을 정하는 것이다. 이를 위해서는 해당 학년의 기본 교육과정에 대한 분석이 필요하다. 학년에서 기본적으로 이수해야 할 교과와 성취기준을 배제하고 새로운 것으로 세부 교육 주제를 정하는 것은 교사와 학생 모두에게 부담이 될 수 있고 해야 할 것들이 너무 많은 비효율적 교육과정이 될 수 있다. 따라서 세부 교육내용 선정 시 해당 학년 교과 내용체계표와 성취기준을 분석하고 이를 기반으로 상호 간 시너지를 낼 수 있는 방향으로 세부 주제를 정하는 것이 효율적이다. 예를 들어 학교 교육과정 주제가 민주시민 교육으로 정해지고 특정 학년에 다문화와 관련된 성취기준이 있는 경우 다문화교육과 관련된 시민성 함양 교육으로 세부 교육내용을 정하는 식이다.

다만, 학년 교육과정 성취기준에 모든 교육내용이 있는 것은 아니기 때문에 학년 교육과정 주제를 위하여 새로운 교육내용 생산이 필요한 경우도 있다. 시민성 함양 교육의 경우 미디어 리터러시가 학생들에게 꼭 필요하지만 학년 교과 성취기준에 해당 내용이 없을 수 있다. 이때는 자율시간이나 창의적 체험활동을 활용하여 미디어 리터러시와 관련된 수업을 학년 선생님이 만들어낼 수 있다.

학교 교육과정 주제 관련 학년 교육과정 세부 교육내용은 교과 성취기준과 연계할 수 있는 것과 자율시간을 활용해야 하는 것으로 분류할 수 있다. 이 분류 과정은 다음의 교과 편제 및 시수 산정을 위한 기초 과정이 된다.

3 - ③ 교과 편제 및 시수 산정(교과별 감축 시수 및 학교 자율시간 산정)

학년 교육과정 세부 주제와 관련된 수업은 교과 시간과 교과 외 시간 (학교 자율시간 및 창체)으로 분류할 수 있다.

학교 자율시간 활용 교육과정 시수 구성

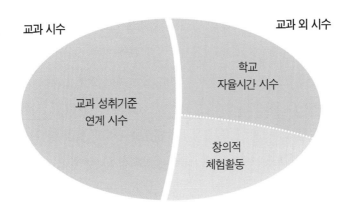

해당 학년 교육과정 성취기준과 연계하여 교과에서 할 수 있는 것들은 교과 편제 시수 안에서 설정한다. 교과와 연계하기 어려운 활동은 학교 자율시간으로 설정한다. 학교 자율시간을 64시간으로 설정한 경우, 모든 교과에서 학기별 1주 분량의 시간을 학교 자율시간으로 편성해야 하지만, 64시간 미만일 경우, 어떤 교과에서 얼마만큼의 분량으로 감축하여 학교 자율시간으로 도출할지를 결정해야 한다.

위와 같이 16+1을 활용하여 학교 자율시간을 도출할 수도 있지만, 창의적 체험활동 시간과 연계하여 시수를 확대하여 운영할 수도 있다. 창의적 체험활동 중 자율·자치활동을 활용하여 학교 자율시간과 연계 운영할 수 있고, 학생 선택형 활동으로 수업을 설계한다면 동아리 활동으로 연계 운영할 수 있다. 또한 학교 자율시간 주제가 진로와 관련이 있을 경우 창의적 체험활동 중 진로활동과 연계 운영할 수 있다.

3 - ④ 학교 자율시간 운영을 위한 교육 내용 선정 · 조직

학교 자율시간 교육내용 선정·조직 이전에 학교 자율시간을 어떤 방식으로 운영할 것인지를 정해야 한다. 중학교의 경우 학교 자율시간을 과목으로 운영하는 것으로 제시되어 있지만, 초등학교의 경우 과목 혹은 활동으로 운영하도록 제시되어 있기 때문에 과목과 활동 형식을 설정해야 한다. 과목으로 운영할 경우 내용체계와 성취기준 등을 개발하고, 과목으로 승인받을 수 있는 행정적 절차를 거쳐 학년 위계에 맞는 체계적 교육이 이루어질 수 있도록 한다. 처음 학교 자율시간을 운영하는 학교가 과목으로 운영하는 것은 부담이 따를 수 있기 때문에, 교수요목 수준의 활동으로 운영한 후 이를 성취기준과 내용체계로 발전시켜 과목으로 전환하는 방식을 활용하면 부담을 덜 수 있다.

과목이나 활동 방식 모두 교과를 기반으로 이루어지는 것이 아니라 무에서 유를 창조하는 것이기 때문에, 효율적인 교육과정 설계 방식이 필요하다. 먼저, 실행 주체 간 역할 분담이 이루어져야 한다. 동 학년이나 동 교과 교사들이 학교 자율시간 교육내용을 함께 만드는 것이 좋다. 다만, 6학급의 소규모 학교가 많은 지역에서는 인근 지역의 각 학교별

동 학년 교사들이 학교 자율시간 교육내용을 함께 만들고 공유하여 공동 교육과정을 설계할 수 있는 플랫폼을 교육지원청 주도로 만들어주는 것이 필요하다.

또한 다양한 교육 자원들이 하나의 프로그램 안에서 시너지 효과를 발휘할 수 있도록 교육과정을 설계하는 방식도 필요하다. 에듀넷, 인디스쿨 등 온라인 교육 사이트에서는 학교에서 일반적으로 이루어지는 많은 주제의 수업 자료들이 있다. 이 자료들을 각 학교에서 설정한 학교 자율시간의 교육과정과 하나의 맥락으로 담아낼 수 있게 샘플링(작곡가가 기존의 곡 일부를 활용하여 하나의 곡으로 연결하여 작곡하는 방식)하는 것이 학교 자율시간 구성과 운영을 효율적으로 할 수 있다.

교사들이 주도적으로로 만들어낸 교육내용으로 학교 자율시간을 채워나갈 수도 있지만, 외부 교육 자원을 활용하여 구성할 수도 있다. 학교에서 오는 공문들을 살펴보면 학생들에게 유익한 다양한 교육 주제의 외부 교육 프로그램들이 많다는 것을 확인할 수 있다. 이 교육 프로그램 중 학교나 학년의 주제에 해당하거나 학생들에게 꼭 필요한 것들을 학교 자율시간을 채울 교육과정의 일부로 선택할 수 있다. 이처럼 교사가 모든 것을 새롭게 만들어내지 않더라도, 학생들에게 꼭 필요한 성장이라는 맥락에 맞출 수 있는 것들을 선택하여 '샘플링'할 수 있는 교육과정 설계가 이루어지면 되는 것이다.

3-⑤ 학교 자율시간 운영 방식 설정

학교 자율시간을 기존 교과와 같이 특정 요일과 시간을 배정하여 운

학교 자율시간 운영 방식

☑ 시간표 고정형

	월	화	수	목	금
1교시	과학	영어	수학	과학	도덕
2교시	영어	사회	영어	국어	국어
3교시	수학	국어	미술	사회	국어
4교시	국어	국어	미술	사회	창체
5교시	체육	체육	실과	수학	자율
6교시	실과	과학		음악	자율

☑ 특정일 집중형

	월	화	수	목	금
1교시	과학	영어	자율	과학	수학
2교시	영어	사회	자율	국어	영어
3교시	수학	국어	자율	사회	국어
4교시	국어	국어	자율	사회	미술
5교시	체육	체육	자율	수학	실과
6교시	실과	과학	자율	음악	창체

☑ 오후 시간 집중형

	월	화	수	목	금
1교시	과학	영어	국어	과학	수학
2교시	영어	사회	국어	국어	창체
3교시	수학	국어	수학	사회	미술
4교시	국어	국어	사회	사회	미술
5교시	자율	자율	자율	자율	자율
6교시					

☑ 시즌제 운영(봄, 여름, 가을, 겨울)

주	기 간	수업일수	월	화	수	목	금	비 고
10	5.3~5.7	2	영국수자음음	국수체과도	학 교 자 율	시 간 주 간		
11	5.10~5.14	5	학 교		자율	시간	주간	★학교자율과정 주간
12	5.17~5.21	4	영국수자음음	국수체과도	부처님오신날	국사이미일일	영체과국수	5.19(수) 부처님오신날
18	6.28~7.2	5	영국수자음음	국수체과도	영체국수사	국사이미일실	영체과국수	
19	7.5~7.9	5	자직수수학	국국수체과	자율	국사이미 시	영체과국 간	★학교자율과정 (2주간 오후 운영)
20	7.12~7.16	5	영국수자학	국국수체과		국사이미	영체과국	
		100						

영할 수도 있다. 기본적으로 연간 주 2회 특정 요일과 시간을 배정하는 시간표 고정형 방식이다. 물론 학교 자율시간 교육내용이 학교 밖 활동이나 특정 프로젝트 등으로 실시해야 하는 경우에는 특정일에 몰아서 집중 배정하는 방식으로도 운영할 수 있다. 이 외에 특정 시기 오후 시간만을 배정하거나 시즌제로 운영할 수도 있다. 학교 자율시간 교육과정 세부 주제 성격에 따라서 이러한 방식들을 적절히 혼합하여 운영하는 것이 필요하다.

4 교육과정 반성과 성찰

1년 동안 운영한 교육과정의 평가 및 환류를 통하여 차년도에 해당 교육과정의 지속·발전 운영 혹은 자동 폐기나 수정, 보완 여부 등을 결정한다. 교육공동체 모두를 대상으로 교육과정 운영 주제 및 학교 자율시간 내용과 양, 세부 교육 프로그램 등에 대하여 다음의 핵심질문을 통한 성찰이 필요하다.

① 교육공동체 모두의 의견을 반영하여 학교와 학년 주제가 선정되었는가?

② 교육과정 주제와 관련된 교육내용의 양은 적절한가?(교육 프로그램 및 주제 관련 수업 내용들이 너무 많거나 적지는 않은가?)

③ 학년의 자율시간 시수는 적절한가?

④ 자율시간 설정을 위하여 시수를 감축한 교과에서 학생들의 교과 목표 혹은 해당 학기 성취기준 도달에 문제는 없는가?

⑤ 자율시간 교육내용이 학생들에게 적합한 내용인가?(학교 자율시간 수업 난이도, 학생 참여도 등은 어떠했는가?)

⑥ 교육과정 주제와 자율시간을 운영하는 데 어려운 점은 없는가?(교과서 없이 새로운 교육내용을 선정 및 조직하는 것에 대한 어려움은 없는가?)

⑦ 올해 운영한 학교 자율시간 활동을 차년도에 학교 과목으로 개설하여 운영할 수 있는가?

학교 자율시간,
종이 vs 실제

학교 자율시간을 활용한 교육과정 관련 교육청 장학자료를 보거나 연수에 참여하면 적지 않은 시수로 학교 자율시간을 활용한 교육과정을 만드는 예시 자료를 쉽게 접할 수 있다. 학교 자율시간을 활용한 교육과정을 위해 학교에서 직접 개발한 학년별 성취기준 체계표 등 수많은 문서도 확인할 수 있다. 학교 자율시간을 활용한 교육과정을 운영하는 데 이처럼 많은 시수와 문서들이 과연 꼭 필요할까? 자칫 잘못하면 현장의 교사들을 주객전도의 상황으로 내모는 역효과가 발생할 수도 있다. 성취기준 개발이나 교육과정 관련 문서들은 수단이지 그 자체가 목적이 되어서는 안 된다.

학교 자율시간 또한 많을수록 좋은 것만은 아니다. 교사들의 역량이 무한대가 아니기 때문이다. 학교 자율시간을 위한 많은 시수 설정과 이

정해진 교사의 역량 범위 안에서 문서와 수업의 균형

교사의 역량 총합

문서에 역량을 과다하게 집중하여 수업에 소홀하게 되는 경우

교사의 역량 총합

를 위한 문서 생산에 집중할수록 학교 자율시간을 활용한 교육과정을 실제로 구현하는 수업에 집중할 시간과 열정은 줄어들 수밖에 없다. 교사가 근무시간을 통해 교육과정에 투자할 수 있는 역량은 무한정한 것이 아니기 때문이다. 학교 자율시간을 활용한 교육과정 설계 전에 '종이 생산'과 '실제 수업' 중 우선순위를 정할 필요가 있다. 물론 둘 다 중요하다. 하지만 어느 쪽에 중점을 두느냐에 따라 실행된 교육과정과 생성된 교육과정의 결과물이 큰 차이가 날 수 있다.

학교 자율시간,
쉽게 접근하고 실천하는 법

학교 자율시간을 활용한 교육과정은 기존 교과 이외에 새로운 교육내용을 선정하고 이에 적절한 교육방법을 선정하는 작은 단위의 교육과정을 만드는 방식이다. 교과는 교과서라는 기본자료가 있고 창체는 각종 행사와 자치활동, 법정 의무 이수 교육 등 기본적으로 해야 할 것들이 정해져 있다. 그러나 학교 자율시간을 활용한 교육과정은 무에서 유를 창조하는 교사들의 교육과정 설계가 필요하다. 그래서인지 많은 학교가 학교 자율시간을 활용한 교육과정 설계에 어려움을 겪고 있다. 이미 학교자율과정, 학교자율특색과정, 학교자율탐구과정, 학교교과목이라는 이름으로 학교 자율시간을 활용한 교육과정을 도입한 지역에서도 모든 학교가 운영해야 하는 것이 아니라 운영 여건이 가능한 학교에서 자발적으로 운영하는 방향으로 접근하고 있다.

학교 자율시간을 활용한 교육과정 운영은 '마인드'나 '접근 방법'을 달리하면 어떤 학교나 학년, 교사도 쉽게 접근하고 실천할 수 있다. 실제로 필자가 근무하는 학교 또한 학교 자율시간을 활용한 교육과정을 2022학년도부터 모든 선생님이 합의하여 운영하고 있다. 우리 학교 선생님들이 교육과정 재구성 경험과 역량이 뛰어나서 학교 자율시간을 활용한 교육과정을 운영할 수 있는 것일까? 일단 교사 실태를 분석하면 개교 3년 차 신설학교여서 신규교사의 비율이 월등히 높으며 교육과정 재구성 경험이 없는 교사의 비율도 꽤 높다. 그런데 어떻게 학교 자율시간을 교육과정에 도입하여 운영할 수 있었을까?

학교 자율시간을 활용한 교육과정 접근 마인드와 이를 위한 우선순위를 다음과 같이 정하고 학교 자율시간을 활용한 교육과정 운영에 합의했다. 첫째, 학교 자율시간은 학생들을 위한 보조 수단이므로 학교 자율시간이 교육과정의 주인공이 되어서는 안 된다. 둘째, 학교에서 정하는 문서나 양식 등을 최소화한다. 이 2가지 사항을 반영하여 다음의 방식으로 학교 자율시간을 활용한 교육과정 운영을 도입하였다.

출발 시수와 도착 시수 개념 도입

신학기 준비 기간 동 학년 단위로 선생님들이 1년 동안 운영할 교육과정의 주제를 정하고 이 중 교과 성취기준에 구애받지 않는 자유로운 교육활동이 필요할 때 학년별 학교 자율시간을 설정하였다. 이때 정한 시간은 실제 교육과정 운영 전 계획일 뿐이므로 '출발 시수'라고 칭한다. 그리고 실제로 운영을 해보면 출발 시수보다 더 많은 혹은 더 적은 시수가 소요되곤 하는 게 현실이므로 운영 완료 후에는 '도착 시수'라는 개념을 도입하였다. 출발 시수와 도착 시수는 학교 자율시간에만 국한된 것이 아니라 학교 자율시간을 도출해내기 위한 교과시간 감축에도 적용된다.

학교 자율시간 설정을 위해서 국어에서 6시간, 수학에서 4시간, 사회에서 2시간을 감축하여 자율시간으로 활용하는 것으로 학기 초에 계획을 세우더라도 학생들의 국어과 교과역량이 부족할 경우 최종 감축 시수는 2시간으로 줄어들 수 있다. 또 계산능력이 부족한 학생들이 많다면 수학은 감축 시수가 없어질 수도 있다. 반면 학교 자율시간의 주제가 사회과와 연관된 부분이 많다면 사회의 감축 시수를 6시간으로 늘일 수 있다. 이처럼 출발 시수와 도착 시수는 교과시간에도 적용된다.

종이는 한 장으로 끝

학교 자율시간을 활용한 교육과정 운영이나 주제 중심 교육과정 운영 등에서 교사들이 부담스러워하는 것 중 하나가 학교에서 정한 양식에 의하여 문서를 생산해야 한다는 것이다. 문서가 교육과정을 위한 실질적 계획의 역할을 하면 아무런 문제가 없겠지만, 역할과 관계없이 의무적으로 해야 하는 경우가 대부분이다. 교사마다 교육과정과 수업을 운영하는 방식은 천차만별이기 때문에 일률적인 문서 양식으로 교육과정을 계획하도록 하는 것은 교사들의 자율성과 개성을 제한하는 결과를 초래할 수밖에 없다. 이에 필자는 최소한의 것들만 담아낸 한 장짜리 문서 양식을 개발하고 이 문서를 기반으로 학년에서 자유롭게 교육과정을 계획하고 운영해나갈 수 있도록 하였다.

학교 자율시간 활용 교육과정 기본계획

1. 학교 자율시간을 위한 시수 편제

가. 학교 자율시간 활용 교육과정 운영 시수

계획 시수			최종 시수(총: 시간)		
순수자율	교과연계	창체활용	순수자율	교과연계	창체활용
58	22	14			

나. 학교 자율시간 운영을 위한 교과 감축 계획

	국어	사회	도덕	수학	과학	영어	음악	미술	체육	창체	계
계획	-12	-6	-2	-8	-6	-4	-4	-4	-6	-6	-58
최종											

2. 학교 자율시간 세부 운영 사항

세부 주제	시수			
	자율	교과	창체	총계
나를 바로 세우고 함께 자라는 학급성장활동 (학기초 적응활동 및 학급 소통, 관계형성 프로그램, 가족의 달 프로젝트)	16	6	4	26
미래를 향해 나아가는 꿈 길찾기 프로젝트 (꿈끼 탐색 주간, 자람 학년 주간, 꿈길 동아리 활동, 예술콘서트, 성장 나눔 데이, 자람 알뜰시장)	14	4	2	20
고장 탐험대 프로젝트 (향토사교육 및 고장탐방 현장체험학습, 마을 봉사의 날)	14	6	4	24
지속가능한 미래를 위한 지구와 친해지기 (숲 체험활동 체험학습, 생태 환경 감수성 프로젝트)	14	6	4	24

이 문서는 실제 2023학년도 경기도교육청에서 학교자율과정 실천학교로 선정되어 자율시간을 운영한 안산 해솔초등학교 교육과정 양식이다. 안산 해솔초등학교에서 학교 자율시간 활용 교육과정 운영을 위해 만든 문서는 이 종이 한 장이 전부이다. 이 내용을 기반으로 각 학년에서 자유로운 방식으로 각자 학년 교육과정을 구현하기 위해 노력하고 있다.

학교 자율시간을 활용한 교육과정의 실제 실행 단계에서는 문서가 주(主)가 아닌 보조(補助) 역할만 하면 충분하다. 문서 작성을 최소화하면 교사들이 문서 생산을 위해 투자해야 했던 시간과 열정을 온전히 수업에 투자할 수 있게 될 것이다.

클라우드 교육과정으로
함께 만드는 학교 자율시간

학교 자율시간을 활용한 교육과정은 교과서와 같은 기본 수업자료가 주어지지 않기 때문에 동 학년 동 교과 선생님들과의 협업이 중요하다. 같은 학교에 근무하는 선생님들끼리 함께 주제를 정하고 이를 위한 수업도 역할 분담을 통하여 만들어간다면 자율시간을 활용한 교육과정을 어렵지 않게 실천할 수 있다.

이 과정에 클라우드 협업 툴(공유 드라이브, 공유 문서, 스프레드시트 등)을 적극 활용한다면 학교 자율시간을 활용한 교육과정 운영이 훨씬 수월해질 수 있다. 안산 해솔초등학교의 경우 학교 자율시간 활용 교육과정 기본계획을 실행하기 위한 수업자료(PPT, 영상자료, 학습지 등)를 클라우드 공유 드라이브에 탑재하여 선생님들이 실제 수업에 활용하였다.

우선 공유 드라이브의 지속적 사용을 위하여 학교 계정을 만들고 이

드라이브에 학년별 폴더 6개를 생성하였다. 이로써 선생님들은 자연스럽게 종이 문서 생산이 아니라 공유 드라이브를 활용한 실제 교육과정 운영 자료 구축과 공유에 집중할 수 있게 되었다. 종이 문서를 만드는 것이 아니라 실제 수업에 직접적으로 투입되는 자료를 만드는 것에 집중하는 일은 계획된 교육과정과 실행된 교육과정인 수업의 영역을 자연스럽게 연결되도록 만든다.

공유 드라이브와 문서로 교육과정을 함께 설계하고 이를 위한 수업자료를 공유하는 온라인 연구실 환경을 구축하면 선생님들이 시간을 내어 모이지 않더라도 상시 교육과정과 수업을 공유할 수 있다. 또한 공유 드라이브를 활용하기 때문에 타 학년의 교육과정 운영까지도 쉽게 확인할 수 있어 '교육과정 나눔의 날'과 같은 형식적 행사가 없어도 수시로 타 학년의 교육과정을 모니터링하고 벤치마킹할 수 있다.

다음은 이러한 공유 드라이브 사용을 보여주는 예시이다.

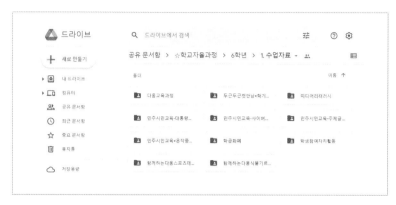

첫 번째 그림은 교육과정 공유 드라이브를 구축하여 각 학년별 폴더를 생성한 모습이다. 이로써 학년별로 자유롭게 수업 자료를 탑재하고 공유할 수 있다. 다음은 학년 교사들이 세부 수업 주제를 설정한 후 이 주제에 맞추어 교사 간 역할을 분담하여 각자 만들어낸 수업 자료를 탑재한 화면이고, 그 다음은 세부 수업 주제에 맞추어 PPT, 동영상, 학습지 등의 자료를 탑재하고 공유한 화면이다. 마지막은 학습 포트폴리오, 평가 보조자료로 활용할 수 있도록 수업 결과를 공유 드라이브에 탑재한 화면이다.

공유 드라이브는 농산어촌 지역 6학급 규모의 작은 학교들이 교육과정을 쉽게 만들 수 있는 플랫폼 역할도 할 수 있다. 중간 이상 규모의 학교에서는 동 학년 선생님들이 역할을 분담하여 교육과정을 만들지만, 6학급 규모의 학교에서는 교사 혼자 학년 교육과정을 만들어야 한다. 이러한 어려움을 극복하고자 읍이나 면 단위로 학교 선생님들이 모여 공동 교육과정을 만드는 것을 본 적이 있다. 같은 읍이나 면 단위의 경우 학생들의 지역적 실태가 유사하기 때문에 함께 주제를 정하고 학교 자율시간을 활용한 공동 교육과정을 설계하는 일이 가능하다. 이때 인근 지역의 학교 선생님들이 공유 드라이브를 사용하여 교육과정을 함께 만들어나간다면 학교 자율시간을 활용한 교육과정을 보다 쉽게 만들 수 있을 것이다. 현실적으로 타 학교 교사들이 주기적으로 만나서 교육과정을 함께 만드는 것은 쉽지 않다. 그러나 공유 드라이브를 사용한다면 지역적 실태가 비슷한 여러 학교에서 함께 활용할 수 있는 교육과정을 보다 쉽게 만들어낼 것이다.

공유 드라이브를 활용한 교육과정은 교육과정의 지속가능발전을 가능하게 한다. 어떤 학교는 교육과정 주제를 정하고 이 주제에 맞는 새로운 수업을 계획하고 만드는 과정을 해마다 새롭게 되풀이한다. 그러나 학교 환경을 둘러싼 실태는 단기간에 급속도로 변하는 것이 아니기 때문에 전년도의 교육과정을 모두 갈아엎고 새롭게 만드는 방식은 비효율적이다. 공유 드라이브에 탑재된 교육과정 자료는 지속적으로 쌓이게 된다. 이 자료들을 기반으로 새 학년에는 조금 수정, 보완하거나 업그레이드하는 방향으로 교육과정을 만드는 것이 바람직하다. 이렇게 된다면 자율시간을 활용한 교육과정의 지속가능성은 배가될 것이다.

공유 드라이브를 활용한 교육과정을 시도할 때에는 모든 교원의 교육과정에 대한 인식 전환이 필요하다. 여전히 교육과정을 설계하고 재구성한 문서가 있어야 하고, 이 문서를 확인하고 싶어하는 관리자들이 많다. 그러나 학교와 교실 교육과정에서 중요한 것은 문서가 아니라 아이들과 선생님이 교실에서 만들어가는 살아 있는 이야기이다. 따라서 모든 교원이 교육과정은 종이 문서라는 고정관념에서 탈피하는 인식 전환이 가장 먼저 이뤄져야 한다. 관리자들 또한 선생님들의 교육과정 문서를 확인하고 결재하려는 생각을 버릴 수 있어야 한다. 그래야 공유 드라이브를 활용한 클라우드 교육과정이 가능하다.

학교 자율시간을 만드는
성취기준 재구조화 방법

학교 자율시간은 교과를 기반으로 만들어진다. 감축한 기본 교과 시수들을 합하여 자율시간이 도출되기 때문이다. 시수를 감축하면 자연스럽게 기존 교과 내용에 대한 압축이 필요하다. 교과 내용의 효율적 압축을 위해서는 성취기준 통합이 필요하다. 성취기준을 분석해보면 교과 내 혹은 교과 간 성취기준 중 지식·이해 요소나 과정·기능 요소가 유사한 것이 있으므로, 유사한 성취기준들을 통합하여 하나의 성취기준으로 만들어 수업하고 평가할 수 있다. 성취기준을 통합하는 방법은 다음과 같다.

성취기준 통합 – ① 동일 교과 내 성취기준 통합

동일 교과 동일 영역 내에 있는 성취기준을 통합한 사례는 다음과 같다.

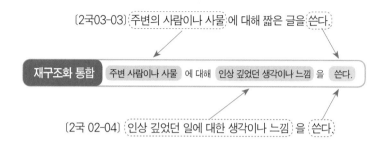

〔2국03-03〕 주변의 사람이나 사물 에 대해 짧은 글을 쓴다.

재구조화 통합 주변 사람이나 사물 에 대해 인상 깊었던 생각이나 느낌 을 쓴다.

〔2국 02-04〕 인상 깊었던 일에 대한 생각이나 느낌 을 쓴다.

두 성취기준이 '쓰기'라는 공통 요소를 바탕으로 앞의 [2국03-03] 성취기준의 '주변 사람이나 사물'이라는 주제에 대하여 [2국03-04]번의 '인상 깊었던 생각이나 느낌'의 글쓰기를 연결하면 자연스러운 통합이 가능하다. 이와 같이 동일 교과 동일 영역 내의 성취기준을 분석해보면 성취기준 간 통합할 수 있는 연결고리를 가진 것들이 다수 있다. 통합한 성취기준은 수업뿐만 아니라 평가에도 활용 가능하다.

성취기준	평가 요소	평가 방법
〔2국03-03.04〕 주변 사람이나 사물에 대해 인상 깊었던 생각이나 느낌을 쓴다.	사람과 사물과 관련한 인상 깊었던 일 쓰기	논술형

위 표와 같이 평가 계획 수립 시 두 성취기준을 통합하여 평가 요소를 추출하고, 이를 바탕으로 평가가 이루어지면 한 번의 평가 장면에서 2개의 성취기준 평가가 가능해진다.

성취기준 통합 – ② 교과 간 성취기준 통합

교과 성취기준을 분석해보면 교과가 다르지만 특정 내용 요소가 여러 교과에 활용되는 것을 확인할 수 있다. 예를 들어 '토의'의 경우 국어뿐만 아니라 사회, 과학 교과의 성취기준에서도 확인할 수 있다. 또한 '다문화'의 경우 지식·이해에 해당하는 내용 요소가 사회, 도덕 교과 성취기준 모두에 포함되어 있어 이를 바탕으로 통합할 수 있다. 다음은 '토의'라는 동일 기능 요소를 중심으로 과학과 국어의 성취기준을 통합한 사례이다.

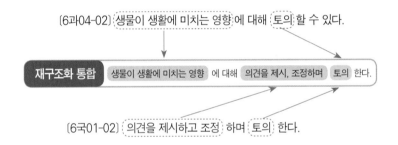

'생물이 생활에 미치는 영향'을 주제로 토의하는 수업을 할 경우 하나의 수업에서 국어와 과학 2개 성취기준 모두에 도달할 수 있어 시수 감축 측면에서 경제적인 교육과정 운영이 될 수 있다. 교과 간 통합 역시 평가에도 활용할 수 있다. 한 번의 평가 장면을 두 교과에 기록할 수 있다.

다음은 과학과 성취기준 "[6과04-02] 생물이 생활에 미치는 영향에 대해 토의할 수 있다."와 국어과 성취기준 "[6국01-02] 의견을 제시하고 조정하며 토의한다."를 통합하여 평가와 기록까지 연결한 사례이다.

〈국어〉 평가 기록

성취기준				국어 세부능력 및 특기사항
매우 잘함	잘함	보통	노력 요함	상대방의 의견을 존중하고 다양한 의견을 제시하며 조정하는 토의 능력과 태도가 뛰어남.
✓				

〈과학〉 평가 기록

성취기준				과학 세부능력 및 특기사항
매우 잘함	잘함	보통	노력 요함	다양한 생물이 일상생활에 미치는 긍정적 영향에 대해 이해하고 이에 대한 의견을 제시함.
	✓			

　다양한 생물이 일상생활에 미치는 영향에 대하여 토의하는 장면에서 A 학생은 국어과에서 요구하는 상대방의 의견을 존중하고 의견을 제시하며 조정하는 토의 능력과 태도가 우수하여 국어과에서는 '매우 잘함'으로 수준이 부여되었고, 과학과에서는 다양한 생물이 일상생활에 미치는 긍정적 영향에 대해서는 의견을 제시하였지만 부정적 영향에 대한 의견이 부족하여 잘함으로 수준이 부여되었다.

　교과 내 혹은 교과 간 성취기준을 통합할 경우 각 성취기준마다 부여된 기존 수업 시수를 압축하는 효과를 통하여 교과별 시수를 감축하고 이렇게 감축된 시수를 바탕으로 학교 자율시간을 만들어낼 수 있다.

학교 자율시간의 성취기준,
내용체계표 개발 방법

수십 차시의 적지 않는 시간을 활용하는 학교 자율시간은 학생들을 위한 작은 단위의 교육과정을 만들어내는 공간이다. 이 시간이 학생들을 위한 뚜렷한 목표가 있고, 동일 주제라도 내용이 중복되지 않고 발달단계에 맞는 위계를 갖춘 과목 수준의 교육과정이 되기 위해서는 성취기준과 내용체계표의 개발이 필요하다. 물론 학교 자율시간을 도입하는 첫해부터 성취기준과 내용체계표를 개발하는 것에 집중하다 보면 실제 수업이 부실해질 우려가 있다. 따라서 이전 학년도 교육내용을 기반으로 내용체계나 성취기준을 조직하는 방식을 순차적으로 도입하는 방법이 적절하다.

학교 자율시간의 성취기준과 내용체계표가 직접 수업할 교사들 모두가 합의하고 학생들에게 도움이 될 내용으로 개발되기 위해서는 다음의 절차를 따르는 것이 바람직하다.

학교 자율시간 활용 교육과정을 위한 브레인스토밍

학교 자율시간 활용 교육과정 주제와 관련된 교육내용의 뼈대를 세우는 것이 바로 내용체계표와 성취기준 개발이다. 내용체계표 없이 성취기준을 바로 개발할 수도 있지만, 성취기준 개발 전 학교 자율시간 활용 교육과정에서 학생들이 꼭 알아야 할 것과 할 수 있어야 하는 것, 갖춰야 할 가치와 태도 등을 미리 선정해두고 이를 바탕으로 개발하는 것이 성취기준이 논리적이며 위계와 체계를 갖출 수 있는 방법이다.

다음은 시민성 함양 교육을 주제로 동 학년 선생님들이 브레인스토밍을 하는 모습이다. 해당 학년에 적합한 시민성 함양 교육을 위해 학생이 알고 이해해야 할 것, 이를 위한 사고와 기능 요소들, 지니고 있어야 할 가치와 태도를 교사들이 자유롭게 브레인스토밍한다. 이 과정을 통하여 나온 것들이 성취기준과 내용체계표를 만드는 출발점이 된다.

내용체계표 개발

동 학년 선생님들과 함께 브레인스토밍 과정을 통하여 선별한 교육내용들을 지식·이해, 과정·기능, 가치·태도의 틀에 맞추어 분류하고 정리한다.

시민성 함양 교육 내용체계표 예시

학교 자율시간 시민성 함양 교육 내용체계표	
지식 · 이해	시민, 미디어, 인권, 평등 사회, 갈등, 대중매체와 문화, 민주주의
과정 · 기능	민주적 의사결정, 민주적 절차와 방법을 통한 협의, 미디어 리터러시 갖추기
가치 · 태도	나와 다른 문화 존중하는 자세 갖추기, 일상생활 속 민주적 실천 태도 갖추기

이것은 2022 개정 교육과정 교과 내용체계표와 동일한 틀로, 단편적 지식 중심 교육이 아닌 역량을 형성하는 데 필요한 3가지 요인으로 내용체계를 선정·조직한 것이다. 이 내용 요소들을 재료로 하여 학교 자율시간 활용 교육과정 성취기준을 만들 수 있다. 내용체계표 개발은 해당 학년군 교과 내용체계표를 참고하는 것이 도움이 된다. 교과 내용체계표에서 학교 자율시간 활용 교육과정 주제와 연계된 것들을 먼저 찾고, 이를 바탕으로 새로운 내용을 추가하는 방향으로 접근할 수도 있다.

성취기준 생성

앞서 개발한 내용체계표의 지식·이해, 과정·기능, 가치·태도 3가지 내용 요소들을 바탕으로 성취기준을 개발할 수 있다. '지식·이해+과정·기능', '과정·기능+가치·태도', '지식·이해+가치·태도'와 같이 상호 다른 요소의 결합으로 하나의 성취기준을 생성할 수도 있다. 이와 같은 내용체계표 기반 성취기준 생성은 학년 단위에서는 물론이고 전체 학교 차원에서도 가능하다. 모든 학교 선생님이 브레인스토밍하여 학교 주제를 위한 내용 요소들을 도출하고 이 내용 요소들을 기반으로 학생들의 발달단계에 맞는 성취기준을 개발하는 것이다. 이와 같은 방식으로 성취

내용체계표 기반 성취기준 생성

학교 자율시간 시민성 함양 교육 내용체계표	
지식 · 이해	시민, 인권, 평등 사회, 갈등, 대중매체와 문화, 민주적 의사결정의 원리, 민주주의, 미디어
과정 · 기능	민주적 절차와 방법을 통합 협의, 민주적 관점에 의한 의사결정, 미디어 리터러시 갖추기
가치 · 태도	나와 다른 문화에 대한 존중하는 자세 갖추기, 일상생활 속 실천태도 갖추기

성취기준 생성　민주주의의 의미를 이해하고 일상생활 속에서 실천태도 갖추기

성취기준 생성　미디어의 특징에 대한 이해를 바탕으로 미디어 리터러시 갖추기

기준을 개발할 경우 학년별 위계를 갖춘 해당 학교만의 성취기준 체계를 갖출 수 있으며, 모든 교사들이 함께 교육과정 설계에 참여하는 과정을 거쳤기 때문에 실제 교육과정 실행에 대한 의지가 높아질 수 있다. 또한 내용체계표와 성취기준이 기초 자원이 되어 학교 자율시간을 체계적이고 지속적으로 운영하기 위한 학교만의 교과서 자료 개발로 발전시킬 수 있다.

학교 자율시간,
평가와 기록은 어떻게 하나?

학교 자율시간 활용 교육과정도 학생들의 성장과 발달 장면이 나타나는 학교 교육활동의 일부이며 교과 융합이나 프로젝트 방식의 교육활동이 주가 되어 학생들의 핵심역량이 드러나는 부분이 많다. 따라서 학교 자율시간 활용 교육과정도 평가와 기록이 필요하다. 다만 학교 자율시간을 활동과 과목으로 운영할 때는 다음 사항을 염두에 두어야 한다.

학교 자율시간, 활동으로 운영 시

학교 자율시간을 활동으로 운영하는 경우는 성취기준에 대한 성취수준 도달도를 보는 것보다는 핵심역량과 관련하여 학생들에게 어떤 강점과 보완할 점이 있는지, 자율시간 수업을 통하여 어떤 측면의 성장과 발달이 이루어졌는지 등을 질적으로 평가하고 기록하는 방식이 적합하다.

학교 자율시간 활동에서 학생들의 특징적인 사항들을 관련된 교과 세부 능력 및 특기사항에 기재할 수 있다.

학교 자율시간, 과목으로 운영 시

학교 자율시간을 '과목'으로 개설할 경우 평가는 편성된 교과(군)에 준하여 시도교육청의 학업성적관리시행지침에 따라 평가를 실시하고 세부능력 및 특기사항에 기록한다. 과목으로 개설할 시에는 성취기준이 함께 개발되는 것이 일반적이기 때문에 해당 성취기준에 대하여 아래 예시와 같은 성취도 평가 등을 실시할 수 있다.

<학교자율시간 편성 및 평가 방식 예시>	
학교자율시간 개설 과목	
<논리적인 글쓰기>	<건강한 생활>
- 편성 교과(군): 국어 - 관련 과목: 국어 - 평가 방식: 성취도 평가(A-B-C-D-E) - 학교생활기록부 기재	- 편성 교과(군): 선택 - 관련 과목: 보건 - 평가 방식: 이수 여부(P/F) - 학교생활기록부 기재

출처 : 교육부, 2024b

성취도 평가 이외에 학교 자율시간에 대한 기록은 과목에 준하여 작성하므로, 학교생활기록 작성 및 관리지침 제15조(교과학습발달상황) 제7항에 따라 특기할 만한 사항이 있는 과목 및 학생에 대하여 '세부능력 및 특기사항'에 입력할 수 있다.

학교 자율시간 기록 예시

관련 교과 세특 기록 근거	생태과목 시수 29차시가 과학과와 관련된 내용 중심으로 구성되어 있어, 과학 교과(군)으로 편제하였고, 평가 또한 과학 교과(군)의 세부능력 및 특기사항에 기재할 수 있음.
기록 예	(예) 생태과목을 개발하는 경우 과학 교과에 편제되기 때문에 과학 세부능력 및 특기사항에 기록함. 학교 근처 호수의 생태 환경을 관찰, 기록하는 기능을 익혀, 우리 마을 호수 생태 보고서를 제작할 수 있으며, 마을 생태를 보존하고 이를 실천하려는 자세를 익힘. 생태 과목 활동을 통하여 학생 스스로 문제의식을 갖고 해결해가는 활동을 통하여 주도성과 문제해결능력 역량을 갖출 수 있게 되었음.

학교 자율시간을
만들 수 있는 추가 옵션

기존 교과 시수들을 감축하여 학교 자율시간을 편성해내는 절차에 대하여 어려움을 겪는 학교가 있다. 또한 한 학기 교과 내용을 17주 동안 수업하다가 16주로 축소하여 수업하는 것에 부담을 느끼는 교사도 있다. 이런 학교나 교사들의 부담을 줄여주고 학교 자율시간을 활용한 교육과정과 같은 효과를 얻을 수 있는 교육과정 운영 방법이 있다. 바로 창의적 체험활동을 활용하는 것이다.

학교 자율시간을 활용한 교육과정의 본질은 학생들의 실태, 교사의 교육철학에 의하여 기존 교과 성취기준에서 자유로운 새로운 교육과정을 만들어내는 것이다. 그런데 2022 개정 교육과정에 따르면 창의적 체험활동의 성격과 목표가 학교 자율시간을 활용한 교육과정과 유사하기 때문에 창의적 체험활동을 활용하여 학교 자율시간을 운영할 수 있다.

가. 성격

창의적 체험활동은 교과와의 상호 보완적인 관계 속에서 학생의 전인적인 성장을 위하여 학교가 자율적으로 설계·운영할 수 있는 경험과 실천 중심의 교육과정 영역이다. 창의적 체험활동은 초·중등학교 학생들이 자신의 삶과 연계된 다양한 활동에 참여함으로써 개인의 소질과 잠재력을 계발할 뿐만 아니라 창의성과 포용성을 지닌 민주시민으로서의 삶의 태도를 기르는 것을 목표로 한다.

나. 목표

창의적 체험활동은 학생들이 창의적인 다양한 활동에 주도적으로 참여함으로써 개인의 소질과 잠재력을 계발·신장하여 창의적인 삶의 태도를 기르고 공동체 의식을 함양하도록 하는 데 목표가 있다.

물론 창의적 체험활동은 기존 교육과정에도 있었지만, 이것을 학교의 자율적인 교육과정을 위한 공간으로 활용하지는 못했다. 그 이유는 7대 안전교육 및 범교과 교육, 각종 행사, 현장 체험학습 등이 창의적 체험활동 대부분의 시수를 차지해왔기 때문이다. 2022 개정 교육과정은 이러한 문제를 해소하기 위해 창의적 체험활동을 학교나 교사, 학생만의 시간으로 활용할 수 있는 장치를 마련했다. 2015 개정 교육과정에서는 교과(군)별에서만 20% 범위 내 증감이 가능하였으나, 2022 개정 교육과정에서는 교과(군)별 및 창의적 체험활동의 20% 범위 내에서 시수 증감이 가능해져 교과와 창의적 체험활동 간 시수 넘나들이가 가능해졌다. 그

2015 개정 교육과정 편성 · 운영 기준	2022 개정 교육과정 편성 · 운영 기준
학교는 학교의 특성, 학생 · 교사 · 학부모의 요구 및 필요에 따라 교과 (군)별 20% 범위 내에서 시수를 증감하여 편성 · 운영할 수 있다.	학교는 학교의 특성, 학생 · 교사 · 학부모의 요구 및 필요에 따라 자율적으로 교과(군)별 및 창의적 체험활동의 20% 범위 내에서 시수를 증감하여 편성 · 운영할 수 있다.

결과 창의적 체험활동의 시수 증배가 가능하게 되었다.

이로써 학교 자율시간을 사실상 확대해주는 효과도 기대할 수 있다. 학교 자율시간은 연간 34주를 기준으로 한 교과별 및 창의적 체험활동의 학기별 1주의 수업 시간을 확보, 운영해야 하기 때문에 최대 운영 시수가 한정되어 있다. 이 한정된 시간에 창의적 체험활동 증배 편성을 통한 시수를 덧붙여 운영하면 학교 자율시간을 추가적으로 확보할 수 있다. 창의적 체험활동 또한 교과 성취기준에서 자유로운 교육과정으로 설계가 가능하기 때문이다.

시민성 함양 교육과
학교 자율시간

2022 개정 교육과정은 학생들이 시민으로서 미래사회를 살아가는 데 필요한 교육이 이뤄지도록 디지털·AI 소양 교육, 생태전환 교육, 시민성 함양 교육 등 3가지 국가 사회적 요구과제를 선정하였다. 교과 교육과정을 분석하면 이 3가지 과제가 성취기준 혹은 교수·학습 방법으로 대부분의 교과와 직간접적으로 연계되어 있음을 확인할 수 있다. 이는 디지털·AI 소양 교육, 생태전환 교육, 시민성 함양 교육을 교과 융합형 소재로 활용하기에 유리한 조건이다. 이와 같은 이유로 이 3가지 교육 과제는 학교 자율시간을 활용한 교육과정 주제로 선정하기 용이하다. 실제로도 많은 학교에서 학교 자율시간을 활용한 교육과정 주제로 이 3가지를 선정했음을 쉽게 확인할 수 있다.

시민성 함양 교육은 학생이 자기 자신과 공동체적 삶의 주인임을 자각하고, 비판적 사고를 통해 자신이 속한 공동체의 문제를 상호 연대하

학교 자율시간을 활용한 시민성 함양 교육

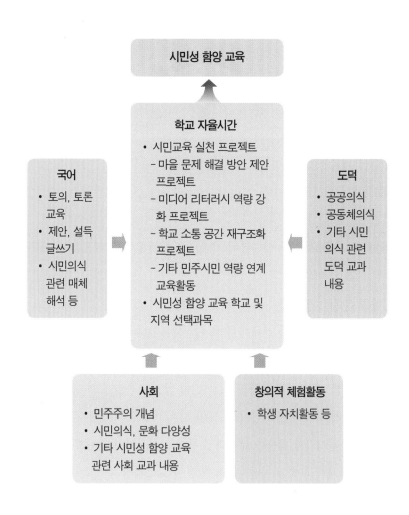

여 해결할 수 있도록 지원하는 교육을 의미한다(교육부, 2021). 따라서 민주주의와 사회적 현안, 문화 다양성, 미디어 리터러시 등의 지적 영역을 기반으로 사회적 공감과 의사소통, 지역 및 국가공동체 참여와 실천 등 정의적·실천적 교육이 함께 이루어져야 한다.

이를 위하여 교과와 학교 자율시간을 적절히 조합한 교육과정 설계가 필요하다. 시민성 개념과 연계된 각 교과 교육과정에서는 시민성 자질 형성에 필요한 지적 역량을 충분히 다루고, 학교 자율시간을 활용하여 학생의 삶과 연계한 문제를 스스로 해결하는 교과 융합 프로젝트식 교육으로 민주시민의 태도와 실천역량을 키워줄 수 있다. 옆에 제시된 학교 자율시간을 활용한 시민성 함양 교육은 교과서, 교과 내용체계라는 정해진 한계를 뛰어넘어 미래 시민으로서 필요한 기본역량과 자질을 형성할 수 있는 살아 있는 교육과정으로 진화할 수 있음을 보여준다.

생태전환 교육과
학교 자율시간

생태전환 교육은 기후변화와 환경재난 등에 대응하고 환경과 인간의 공존을 추구하는 지속가능한 삶을 위한 생태적 전환교육을 의미한다(교육부, 2021). 생태전환 교육은 생명존중 교육, 지속가능발전 교육, 생태감수성 교육, 환경교육 등 다양한 주제를 담고 있다. 생태전환 교육도 시민성 함양 교육과 같이 지적 영역을 바탕으로 자질과 태도를 함양할 수 있는 행동적 영역을 통한 실천 교육이 함께 이루어져야 한다. 이를 위해 생태전환과 연계된 교과 교육과정 기반 위에 학교 자율시간을 활용하여 실생활 속 문제해결과 실천 경험·실천 의지를 키워줄 수 있는 교육과정으로 설계할 수 있다.

과학, 사회 등 생태전환 교육 연계 교과에서 생태전환 교육을 위한 '앎'

학교 자율시간을 활용한 생태전환 교육

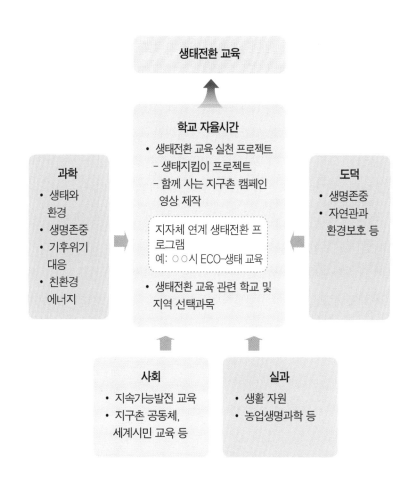

의 영역을 충실히 채워주고, 학교 자율시간을 활용해 학교·가정·마을에서 생명존중, 환경보호 등을 실천할 수 있는 프로젝트나 캠페인 등을 실행하는 교과 융합 프로젝트형 교육과정 방식으로 설계할 수 있다.

그리고 생태전환 교육은 학교 교과목으로 개발하여 운영할 수도 있다. 즉, 생태전환 교육 학년군별 내용체계표의 위계별 교육내용을 기반으로 한 학교 교과목 개발로 체계적·지속적 교육이 이루어지도록 하는 것이다. 이때 시도교육청에서는 각 학년의 교육내용에 맞는 교육 자료 등을 개발하여 학교 교과목 개발을 지원할 수 있다.

지자체 교육 프로그램을 활용하여 생태전환 교육을 마을 교육과정으로 운영할 수도 있다. 지자체의 지역 연계 교육 프로그램들을 분석하면 ECO-환경-생태 교육을 주제로 한 프로그램이 많은 편이다. 이 교육 프로그램은 마을 자원을 기반으로 개발되기 때문에 학생 생활 속에서 실천 가능한 교육으로 연결될 수 있다. 지자체 연계 프로그램을 학교 자율시간에 활용한다면 과거 중간중간 끼어드는 의도하지 않은 외부 교육 프로그램 때문에 교육과정이 비정상적으로 운영되던 폐해를 방지할 수 있다.

디지털 · AI 소양 교육과
학교 자율시간

미래사회를 살아갈 학생들을 위해서 2022 개정 교육과정에서 강조하는 것들이 있다. 디지털 · AI, 시민성 함양, 생태전환. 이 3가지 이슈는 미래를 살아갈 현재의 학생들에게 꼭 필요한 교육 주제이다. 이 교육 주제들은 학교 자율시간과 연계하여 교육과정을 설계할 수 있다. 특히, 확대 편성된 디지털 · AI 관련 시수를 실과와 정보 교과 등에만 편성하는 것이 어려울 경우 학교 자율시간을 적극 활용해야 한다.

디지털 · AI로 인한 학교 교육의 변화는 디지털 · AI가 교사를 대체하게 될 것이라는 극단적 전망까지는 아니더라도 교수 · 학습의 다방면에서 디지털 · AI가 활용되어 수업의 효율성을 높이게 될 것은 분명해 보인다. 학습자의 개별화된 다양한 질문에 AI가 맞춤형 학습지도를 해줄 수도 있고, 학습자의 특성에 대한 빅데이터 분석을 바탕으로 학습자별 맞춤형 수업 설계가 가능해질 수도 있다. 평가 맥락에서도 자동화된 채점 프로그램을 활용한다면 평가의 효율성과 정확성이 더 높아질 것이다.

이러한 상황에서 교과별로 활용 가능한 AI 기기나 디지털 프로그램을 적극 활용하여 수업을 설계하는 것은 앞으로 교사가 갖추어야 할 중요한 자질이 될 것이다. 이와 함께 컴퓨터를 이용한 문제해결 논리와 알고리즘을 설계하는 데 있어서 기초가 되는 적절한 수준과 범위의 수학적 기초지식에도 관심을 기울일 필요가 있다. AI 시대를 준비하기 위한 기초소양 교육이 SW 교육에 국한된다고 보아서는 안 된다. 더욱 근본적으로는 창의적이고 융합적인 사고 능력을 함양하는 것이 핵심과제이고, 이것이야말로 4차 산업혁명 시대에 대응하기 위한 학교 교육의 중요한 과제라고 보아야 할 것이다. 이와 더불어 AI 시대에 야기될 다양한 윤리적 문제에 대한 대응 능력 함양도 교육과정 설계 시 고민해야 할 과제이다 (교육부, 2021).

2022 개정 교육과정에서도 위 사항들을 반영하여 디지털 리터러시와 CT(Computational Thinking)를 정보 교과를 중심으로 모든 교과에서 신장시키는 데 중점을 두고 있다. 초·중·고 학교 교육과정에서 AI 관련 내용을 각 교과에 반영하고, AI 및 빅데이터 등 다양한 신기술 분야 관련 과목이 운영될 수 있도록 교과 내용이 재구조화되었다. 이와 함께 시수도 강화되어 초등학교에서는 실과 및 학교 자율시간을 활용하여 기존 17시간에서 34시간 이상, 중학교는 68시간 이상 편성·운영을 권장하고 있다. 또한 학교 자율시간을 활용하여 학교장 개설과목으로도 편성할 수 있도록 하였다.

디지털 리터러시 및 컴퓨팅 사고력 함양을 위한 교육과정 구성 방안

| 디지털 리터러시 (Digital Literacy) | + | 컴퓨팅 사고력 (Computational Thinking) |

모든 교과 교육	정보 교과 교육	디지털 심화 과정
• 디지털 활용 능력·감수성, 데이터 표현, 디지털 기초 학습 및 디지털 융합 수업 • 수학 및 과학 등 교과 학습에서의 논리력 및 절차적 문제해결력 함양	• 기초코딩 등 컴퓨팅 도구를 활용한 정보처리 수행 능력 함양 • AI·SW 및 정보화 디지털 영역의 컴퓨팅 기본 개념 및 원리 학습	• 고교학점제, 공동교육과정 등을 통한 AI·SW 관련 선택형 심화과정 운영 • 일반적인 코딩 및 SW 개발 교육 등 다양한 분야의 전문역량 함양 지원

출처 : 2022 개정 교육과정 총론 주요사항

이상의 내용을 종합하면 학교 교육과정은 디지털·AI 소양 교육을 About과 With의 관점에서 접근해야 한다는 결론에 이른다. 'About 디지털·AI 소양 교육'은 AI·SW 및 정보화 디지털 영역에 대한 기초 학습이 이루어질 수 있도록 정보 교과를 중심으로 컴퓨팅 사고력의 신장을 위한 교육과정이 편성·운영되어야 한다. 또한 AI·ChatGPT 이외에도 메타버스와 같은 미래사회에 필요한 SW에 대해서 알고 이를 학생들의 삶과 연계하여 활용할 수 있는 소양을 키워줄 수 있어야 한다.

'With 디지털·AI 소양 교육'은 교과 교육에 디지털·AI를 활용한 교수·학습 및 평가 운영을 의미한다. 교육용 AI 프로그램은 이미 상당수 개발되어 있으며 앞으로 더욱 많은 교육용 AI 프로그램이 쏟아져 나올 것이다. 이뿐만 아니라 학교에 무선인터넷 환경과 기기만 구비되어 있다면 학습효과를 극대화시킬 수 있는 많은 교육 SW들도 있다. 코로나19로 인한 원격 수업 시 이 프로그램들은 시공을 초월하여 교육 효과를 극대화하는 데 많은 기여를 했다. 수업과 함께 평가에서도 AI는 큰 역할을 할 수 있다.

About & With 디지털·AI 교육과정 설계

학교 자율시간·정보, 실과 교과

- About 디지털·AI 소양 교육
    - 목적 : CT(컴퓨팅 사고력) 함양
    - 편성 : 정보(실과) 및 학교 자율시간
    - AI·SW 기초 개념 및 원리 학습

- With 디지털·AI 소양 교육
    - 목적 : 디지털 리터러시 함양, 교과역량 함양
    - 편성 : 교과 수업 시수 내 편성
    - AI·SW 활용 교수·학습 및 평가
    - 교과 관련 AI·SW 프로그램 이해 및 체험

교과 교육과정

과거 Ku-Cu(기초학력 보정 진단 프로그램)를 활용해본 교사들은 학생들의 학습결과에 따른 맞춤형 보정 진단 자료들이 자동으로 생성되어 학생들의 기초학습능력 신장에 활용한 경험이 있을 것이다. 이와 같은 자료가 더욱 정교화되어 평가에 활용된다면 과정 중심 평가와 학생 맞춤형 교수·학습 처방이 가능해진다. 위 사항들을 반영하여 2022 개정 교과 교육과정에서도 디지털·AI와 연계한 교수·학습 방안을 각론에 제시하고 있다. 교과 관련 AI 교육 프로그램, AI 활용 개별화 교육, AI 활용 교과 성취기준 관련 문제해결 등을 활용하는 방식으로 교과 교육과정을 설계·운영할 수 있다.

About과 With 디지털·AI 소양 교육은 학교 자율시간과 교과 교육과정 시수를 적재적소에 배치하는 교육과정 설계가 필요하다. About 디지털·AI 소양 교육은 정보·실과, 학교 자율시간을 활용하여 설계하고, With 디지털·AI 소양 교육은 각 교과 교육과정 시수 안에 교수·학습 방법으로 이루어지는 것이 효율적인 설계이다.

2022 개정 실과 교육과정에 따르면 학교 자율시간 과목 혹은 활동 주제를 디지털·AI와 관련하여 설정할 시 아래 성취기준을 활용할 수 있다.

[06자율-1] 생활 속에서 컴퓨터가 활용되는 사례를 찾아보는 활동을 경험한다.

[06자율-2] 놀이를 통해 알고리즘의 다양한 사례를 체험하는 활동을 수행한다.

[06자율-3] 프로그래밍으로 해결된 사례를 찾아보고, 나에게 필요한 프로그램을 만드는 과정을 수행한다.

[06자율-4] 공유된 타인의 프로그램을 탐색해보고 수정하는 활동을 수행한다.

[06자율-5] 생활 속에서 접하는 다양한 데이터가 서로 다른 의미를 갖고 있음을 파악하는 활동을 경험한다.

[06자율-6] 인공지능이 데이터의 공통되는 부분을 찾아 분류하는 과정을 체험한다.

[06자율-7] 사례를 중심으로 인공지능을 올바르게 사용하는 방법을 토론하고 실천하는 활동을 수행한다.

이것은 초등학교에서 학교 자율시간을 활용하여 정보교육을 확대 편성·운영할 시 참고할 수 있는 실과 교육과정에 제시되어 있는 성취기준이다.

진로 연계 교육과
학교 자율시간

2022 개정 교육과정에서는 '진로 연계 교육'이 새롭게 도입된다. 진로 연계 교육은 각 학교급 전환기에 안정적 적응을 위한 교육이라는 의미를 가진다. 학교급별 전환교육은 학생들의 실질적인 진로교육의 일환으로 학생들의 정서적, 심리적 안정과 더불어 다음 학교급의 학습과 생활에 원만히 적응할 수 있도록 돕는다는 점에서 중요한 의미를 갖는다.

초등학교의 경우 1학년 입학 초기 적응활동이 유치원과 초등학교 사이의 전환교육의 성격을 담고 있으며, 초·중 전환 시기에는 중학교 자유학기제 및 중학교 생활에 대한 이해, 교과 연계 진로 체험교육 등을 진로 연계 교육으로 설정할 수 있다.

중학교에서는 3학년 2학기 학생들을 대상으로 고교학점제에 대한 이해, 교과와 연계한 진로교육 등 진로 연계 교육을 설정한다. 고등학교 입학을 앞둔 학생들에게 고교학점제를 준비할 수 있는 전환교육의 기회를 제공하는 것은 학생들에게 자신의 진로를 탐색하고 그에 따른 학습의 방향을 정하는 데 중요한 영향을 미친다. 고교학점제에 대한 이해와 함께 진로교육 관점에서 학생 개개인의 특성과 성향을 이해하고, 이를 바탕으로 각자에게 어울리는 직업을 탐색하여 고교학점제 이수 경로와 연계할 수 있는 교육이 이루어지는 방향으로 진로 연계 교육을 설계할 수 있다.

고등학교에서는 수능 이후 시기에 대학 생활의 이해 및 사회 진출을 위한 준비 등을 내용으로 하는 진로 연계 전환교육을 실시할 수 있다.

초등학교와 중학교의 진로 연계 교육은 학교 자율시간을 활용하여 해당 학교급 학생 나이대에 맞는 체계적 진로교육으로 운영할 수 있다. 초등 6학년 2학기와 중등 3학년 2학기에 학교 자율시간을 활용한 교육과정 주제를 '진로'로 선정하면 자유학기제 및 고교학점제에 대한 이해와 더불어 초·중학생 학교급 전환기에 맞는 체계적 진로교육이 이루어지도록 할 수 있다. 초등학교 학생들의 희망직업 중 유튜버, 운동선수, 연예인 등이 많은 이유는 다양한 직업을 접하지 못한 이유도 크기 때문이므로 다양한 직업을 탐색하고 이해할 수 있는 기회를 초등 진로 연계 교육 시기에 제공하는 것이 중요하다. 또한 중학교 학생들은 자신의 성향과 어울리는 직업군에 대하여 알아보고 탐색할 수 있는 방식으로 진로 연계 교육을 설계할 수 있다.

학교 자율시간과 함께 교과 교육과정과 연계한 진로 연계 교육을 운영할 수 있다. 16+1 교과 설계 방식에 따른 교과별 자율시간을 활용하여 교과와 연계된 진로교육(국어-카피라이터, 수학-수학 이론과 연관된 AI 관련 직업군, 과학−생명공학자 등 각 교과와 연관된 직업 탐색)도 함께 실시할 수 있다. 이상의 내용을 종합하면 다음과 같이 정리할 수 있다.

학교 자율시간을 활용한 초·중 진로 연계 교육 운영 방안

	초등 진로 연계 교육	중등 진로 연계 교육
시기	6학년 2학기	3학년 2학기
내용	• 자유학기제 이해 • 진로교육 　(진로 탐색 및 체험 중심)	• 고교학점제 이해 • 진로교육 　(자아 이해를 바탕으로 자신의 　성향과 관련된 직업 탐색)
운영방식	• 창의적 체험활동(진로활동) 시간 활용 운영 • 학교 자율시간을 활용한 주제를 '진로'로 설정하여 운영 • 연계 교과 성취기준 재구조화를 통한 진로교육 운영	

처음 시작하는 학교를 위한 TIP

학교 자율시간은 그동안의 교육과정에는 존재하지 않았던, 2022 개정 교육과정의 특징적인 편성·운영 방법이다. 2022 개정 교육과정이 적용되면 많은 학교가 학교 자율시간을 활용한 각 학교만의 자율 교육과정을 만들어내려 시도할 것이다. 이 중에는 학교 자율시간과 유사한 방식의 학교자율특색과정이나 자율탐구과정, 학교교과목 등 시도교육청 편성·운영 지침에 의거하여 학교 자율시간을 활용한 교육과정 실천 경험이 있는 학교들도 있다. 혹은 주제 통합 프로젝트 교육과정 등 학교 자율시간에 이루어지는 교육활동과 유사한 방식의 교육과정 운영 경험이 있는 학교들도 많다. 이 학교들은 2022 개정 교육과정 편성·운영 지침에 의거하여 행정적인 부분만 보완하면 학교 자율시간을 활용한 교육과정을 바로 적용할 수 있을 것이다.

하지만 학교자율 교육과정이나 주제 통합 프로젝트 운영 경험이 없고 교과서 중심으로 교육과정을 운영해온 학교와 교사들의 비율 또한 적지 않다. 지금부터는 이런 학교와 교사들이 처음 학교 자율시간을 도입할 때 시행착오를 줄이는 데 도움이 될만한 팁을 제공하려 한다.

첫째, 학교 자율시간은 주(主)가 아닌 보조(補助) 수단이라는 것을 잊지 말아야 한다. 학교 자율시간을 활용한 교육과정을 처음 도입했던 학교 중에는 정책 이행(우리 학교는 학교 자율시간을 활용한 교육과정을 운영하는 학교)이 목적이 되어 학교 자율시간이 학생 중심 교육과정을 위한 보조장치가 아니라 주가 되어버린 경우들이 있었다. 교육과정에서 무엇이 우선순위인지에 대한 고민 없이 학교 자율시간을 기계적으로 만든다면 기존 교과 시수를 무리하게 감축하여 교과 기초지식과 역량을 채우지 못하는 문제가 발생할 수 있다. 학교 자율시간을 학생 중심 교육과정을 위한 하나의 보조장치로 인식하고 실행한다면 이런 문제는 나타나지 않는다. 학생들을 위해 꼭 필요한 교육 주제를 정하고, 이 주제를 위한 수업들을 교과와 연계하여 만들어내고, 교과에서 해결해줄 수 없는 수업 내용이 있을 때 학교 자율시간을 도입하는 방식이면 충분하다. 이런 방식이라면 학교 자율시간을 처음 도입하는 학교의 교사들도 쉽게 실천할 수 있을 것이다.

둘째, 종이를 최소화해야 한다. 학교 자율시간이나 교육과정 재구성 경험이 없는 교사들이 처음으로 이를 실천할 때에는 교과서라는 기본자료 없이 새로운 것을 만들어내는 수업을 할 수 있느냐 없느냐가 성패를 결정한다. 따라서 학교는 교사가 학교 자율시간을 채울 수업을 만들어내는 데 집중할 수 있는 여건과 환경을 제공해주어야 한다. 만약 학교 자율 시간을 위한 학년 계획서, 교사 계획서, 각종 양식, 성취기준 개발 등 많은 문서 작업을 감당해야 한다면 교사들이 학교 자율시간을 학생들을 위한 수업으로 만들어낼 수 있는 역량과 의지는 줄어들 수밖에 없다. 물론 문서 생산도 필요한 일이다. 하지만 처음 시도하는 시기에는 이를 최소화하여 교사가 학교 자율시간을 학생들을 위한 수업으로 만들어내는 데 집중할 수 있도록 학교가 도와야 한다.

셋째, 점진적 도입 방식이 필요하다. 교육과정 운영에서 가장 중요한 요인은 교사이다. 교사에게 교육과정을 운영할 수 있는 역량과 열정, 의지가 있어야 학생들을 위한 교육과정이 실행될 수 있다. 그런데 학교 구성원을 살펴보면 모든 교사가 교육과정에 대한 역량과 열정, 의지가 있는 것은 아니다. 일부 학년에 교육과정 재구성 운영 역량과 열정이 없는 교사들이 몰려 있을 수 있고 반대인 경우도 있다. 따라서 학교 자율시간 도입 첫해에는 모든 학년에 일괄적으로 적용하지 말고 일부 실행할 수 있는 학년에서 학년 교육과정에 학교 자율시간을 도입하는 것이 좋다. 그리고 다음 해 학교 자율시간을 운영했던 교사들을 여러 학년으로 분산시켜 운영 노하우를 공유하도록 하여 점진적으로 학교 자율시간을 활용한 교육과정을 늘려가는 방식을 추천한다.

넷째, 외부 교육 자원을 적극 활용한다. 일부에서는 학교 자율시간 시수가 적다는 의견을 내기도 하지만 이는 결코 적은 시수가 아니다. 대략 3주의 시간을 교사가 새로운 수업을 만들어내는 것은 쉬운 일이 아니다. 처음 도입하는 학교는 이 시간을 채울 모든 것을 교사가 창조해내도록 하는 방식보다는 외부 교육 자원을 적극 활용하는 방식을 선택하는 것이 좋다. 교육지원청이나 지자체 교육 프로그램, 시도교육청 직속 교육기관 등 다양한 기관에서 수많은 주제의 교육 프로그램을 개설하고 안내한다. 이 프로그램 중 학교에서 정한 학교 자율시간 주제에 맞는 것을 선별하여 활용한다면 학교 자율시간 운영 부담이 대폭 줄어들 것이다.

다섯째, 창의적 체험활동의 자율·자치 영역을 적극 활용한다. 학교 자율시간은 교과 시수를 감축해서 학생 맞춤형 교육을 할 수 있는 빈 도화지 같은 공간이다. 처음 시작하는 학교의 교사들은 교과 시수 감축으로 새로운 영역을 만들어내는 것을 어려워할 수밖에 없다. 교과 시수 감축을 최소화하면서 학생들에게 필요한 교육과정을 운영할 수 있는 또 다른 공간은 창의적 체험활동의 자율·자치 영역이다. 학교에서 정한 교육과정 주제를 교과 시수 감축으로 소화해내지 못한다면, 다음으로 활용할 수 있는 장소가 창체이다. 물론 창의적 체험활동은 각종 행사나 필수 이수 교육 등 의무적으로 해야 할 것들이 있지만, 이 시간들을 제외하더라도 학생들을 위한 공간(시수)을 만들어낼 수 있다. 학교 자율시간과 더불어 창의적 체험활동의 자율·자치 영역을 적극 활용한다면 교육과정 편성·운영에 큰 부담을 줄일 수 있을 것이다.

학교 자율시간 Q & A

학교 자율시간을 주제로 현장 선생님들을 실제로 만나면서 필자가 자주 받은 질문들을 바탕으로 Q&A를 구성하였다.

Q 순수 교과 연계(교과 시수)만으로 운영해도 되나요?

A 학교만의 특색 있는 교육과정을 기존 방식과 같이 교과 성취기준만을 활용해서 설계하고 운영하는 학교들이 여전히 많다. 교사들에게 교과, 창체 이외에 새로운 영역을 만들어내는 일이 생소하기 때문이다. 물론 이와 같은 방식으로 학교만의 특색 있는 교육과정을 만들어내는 것도 가능하다. 그러나 이것은 과거와 같이 교과와 성취기준이라는 틀 안에서 교육과정을 만들고 운영하는 것이기 때문에, 학교 자율시간을 편성하고 이를 통하여 자유로운 교육과정을 구현해내는 것과 비교할 때 학생 맞춤

형 교육과정을 만들어내는 데 한계점이 있을 수밖에 없다.

Q 창의적 체험활동 시간만 활용해도 되나요?

A 일부 학교에서는 안전교육과 범교과 교육 등을 교과와 연계하여 충실히 하고 있어서, 창의적 체험활동 시간에 학교만의 창의적 교육을 할 수 있는 여유를 확보하고 있다. 실제 학교에서 관행적으로 이루어지는 각종 행사나 현장학습 등을 창의적 체험활동으로 배정하여도 범교과 교육을 교과와 연계하여 설계한다면 창의적 체험활동의 절반 이상의 시간을 학교 자율시간으로 만들어낼 수 있다.

이런 상황이라면 행정적 관점과 교육적 관점에서 접근하여 답을 찾을 수 있다. 교육적 관점에서 접근한다면 교과와 성취기준이라는 한계를 벗어나 창의적 체험활동이라는 공간에서 자유로운 교육활동을 학교와 교사 주도로 만들어냈기 때문에 학교 자율시간을 활용한 교육과정과 마찬가지로 학생 맞춤형 교육과정이라는 결과물을 만들어낼 수 있다. 그러나 행정적 관점에서 본다면 기존 교과 편제 방식을 그대로 운영하였기 때문에 학교 자율시간을 활용한 교육과정이라고 볼 수는 없다. 학교 자율시간을 활용한 교육과정은 기존 교과 시수를 16주로 맞추어 운영하고 교과 성취기준이 재구조화되는 과정들까지, 즉 교사 교육과정과 관련된 다양한 실현 방법들이 종합적으로 함께 이루어져야 하기 때문이다.

Q 학생 주도로 교육과정을 만드는 것이 가능한가요?

A 학교 자율시간을 활용한 교육과정 수립 시 교육과정을 설계하는

과정에서부터 학생이 주도적으로 참여하고, 학생이 스스로 교육과정 내용을 구성하는 것을 강조하는 일부 교육청이 있다. 물론 궁극적이고 이상적인 교육과정 설계의 방향이다. 그러나 아직 성숙하게 발달하지 못한 학생들이 자신에게 적합한 교육내용과 방법을 주도적으로 설정하고 이를 교육과정으로 구현해내는 것은 현실적으로 절대 쉬운 일이 아니다.

따라서 교육과정 설계 시 교사와 학생의 적절한 역할 분배가 필요하다. 우선 교육과정 주제와 관련된 기본적인 내용과 방법은 교육 전문가인 교사의 관점에서 학생들의 발달단계에 맞게 체계적으로 선정·조직하고, 교육 주제를 적용·활용하는 단계인 프로젝트 등에 학생들의 의견을 적극 반영하는 방식이 적절하다. 이때 학급자치, 학생자치와 연계하면 더욱 효율적이다. 학급자치와 학생자치 회의 때 학생들이 관심 있는 주제, 해결하고 싶은 프로젝트 등을 정하고 이를 교육과정으로 만들어갈 때 학교 자율시간을 활용한 교육과정과 연결한다면 더욱 의미 있고 학생 주도성을 키워줄 수 있는 교육과정이 될 것이다.

학생 역량 함양을 위한 깊이 있는 학습의 의미를 탐색하고 이를 실제 수업과 평가에서
실천할 수 있는 방안들을 제시하였다.

5
Part

깊이 있는 학습을 위한
수업 디자인

깊이 있는 학습이란?

2022 개정 교육과정은 2015 개정 교육과정에서 처음으로 제시된 역량 함양을 위한 교육을 더욱 구체화한 교육과정이다. 이를 위하여 '깊이 있는 학습'이라는 방향을 제시하였다. 깊이 있는 학습은 학습자가 학습 자료를 스스로 자신의 것으로 만들고 배운 것을 새로운 상황에 적용할 수 있도록 소수의 핵심 내용을 깊이 있게 배우는 것을 의미한다(한국교육과 정평가원, 2022a).

이와 함께 2022 개정 교육과정은 역량 함양을 위하여 학습 과정에 대한 성찰, 삶과 연계한 학습, 교과 간 연계와 통합이라는 교수·학습 방향을 강조한다. 학습 과정에 대한 성찰은 상위인지(메타인지)적 사고를 필요로 한다. 이를 통해 학습 내용을 수동적으로 받아들이는 것이 아니라 학생이 주도적으로 자신의 생각을 만들어낼 수 있는 것이다. 삶과 연계

한 학습은 학습의 전이를 위해서이다. 역량은 아는 것만이 아닌, 할 수 있음을 의미한다. 여행을 가기 전 출발지에서 목적지까지 가는 길을 머릿속으로 알고 숙지해두는 것과 실제 여행지에서 목적지까지 직접 몸으로 부딪치며 찾아가는 것은 다르기 때문이다. 배움 내용을 실제 맥락에 구현해낼 수 있는 것이 전이이며, 이는 역량을 함양하기 위한 필수 학습 조건이다.

역량 함양을 위해서는 교과 내 영역 간, 교과 간 연계와 통합도 필요하다. 학생들이 부딪히는 실제 생활은 여러 교과 혹은 교과 내 복합적 학습 요소들이 연계되어 구현되는 경우가 많기 때문이다. 또한 교과 내 혹은 교과 간 학습 내용이 연계된다는 것은 탈맥락적인 학습이 아닌 2개 이상의 학습 요소가 맞물려 상호 간 전이가 발생하기 쉬운 학습으로 연결된다. 이와 같은 깊이 있는 학습을 위한 내용이 2022 개정 교육과정 총론의 교수·학습에 다음과 같이 제시되어 있다.

2. 교수·학습

가. 학교는 학생들이 **깊이 있는 학습**을 통해 핵심역량을 함양할 수 있도록 교수·학습을 설계하여 운영한다.

1) 단편적 지식의 암기를 지양하고 각 교과목의 핵심 아이디어를 중심으로 지식·이해, 과정·기능, 가치·태도의 내용 요소를 유기적으로 연계하며 학생의 발달단계에 따라 학습 경험의 폭과 깊이를 확장할 수 있도록 수업을 설계한다.

2) 교과 내 영역 간, 교과 간 내용 연계성을 고려하여 수업을 설계하고 지도함으로써 학생들이 융합적으로 사고하고 창의적으로 문제를 해결하는 능력을 함양할 수 있도록 한다.

3) 학습 내용을 실생활 맥락 속에서 이해하고 적용하는 기회를 제공함으로써 학교에서의 학습이 학생의 삶에 의미 있는 학습 경험이 되도록 한다.

4) 학생이 여러 교과의 고유한 탐구 방법을 익히고 자신의 학습 과정과 학습 전략을 점검하며 개선하는 기회를 제공하여 스스로 탐구하고 학습할 수 있는 자기주도 학습 능력을 함양할 수 있도록 한다.

핵심 아이디어란 무엇이고,
어떻게 쓸 것인가?

2022 개정 교과 교육과정은 깊이 있는 학습을 강조한다. 깊이 있는 학습이 이루어지기 위해서 필요한 것이 '핵심 아이디어'이다. 핵심 아이디어는 영역을 아우르면서 해당 영역의 학습을 통해 일반화할 수 있는 내용을 핵심적으로 진술한 것으로, 이는 해당 영역 학습의 초점을 부여하여 깊이 있는 학습을 가능하게 하는 토대가 된다(교육부, 2022). 핵심 아이디어는 빅 아이디어(Big idea)와 같은 개념으로 생각할 수 있다. 빅 아이디어를 국가 교육과정 문서에 적합한 어휘로 영역 수준에서 진술한 것이 2022 개정 교육과정의 핵심 아이디어이다.

2022 개정 교과 교육과정 교과 각 영역의 내용체계표에 있는 지식·이해, 과정·기능, 가치·태도를 관통할 수 있는 것이 핵심 아이디어이다. 학생들이 이 핵심 아이디어에 접근해갈수록 해당 영역과 다른 영역, 다

른 교과와 연계할 수 있는 힘이 생긴다. 그리고 교실에서 학습한 내용이 교실 밖 실제 학생들의 삶과 연계되는 전이가 이루어질 수 있다. 이 과정에서 학생들이 자신의 학습과 사고 과정을 점검하는 학습 과정에 대한 성찰(메타인지 학습)까지 이루어진다. 이것이 바로 깊이 있는 학습이다. 핵심 아이디어의 성격을 통해서 2022 개정 교과 교육과정의 설계 방향 (깊이 있는 학습, 교과와 교과 간 연계, 삶과 연계한 학습, 학습 과정의 성찰)들이 상호 연결됨을 확인할 수 있다.

핵심 아이디어를 간혹 목표와 혼동하는 경우가 있다. 영역별로 제시된 내용체계표의 맨 위 칸에 위치한 탓에 이를 영역의 목표로 오인하여 해석하는 것이다. 핵심 아이디어는 목표가 아닌 그 교과목표 달성을 위해서 영역 단위에서 필요한 학습 요소들을 일반화하여 표현한 것이다. 교과 내용체계표의 지식·이해, 과정·기능, 가치·태도 속 내용 요소들을 '옷'으로 비유한다면 핵심 아이디어는 이를 걸어둘 수 있는 '옷걸이'라고 할 수 있다.

핵심 아이디어는 추상적인 개념이기 때문에 객관적으로 명확하게 설명하고 이해하는 것이 쉽지 않다. 실제 여러 교과 교육과정에서 개발한 핵심 아이디어를 분석해보면 핵심 아이디어의 취지에 맞게 개발된 교과도 있지만, 그렇지 못한 경우도 확인할 수 있다. 교사가 학생들에게 역량을 함양할 수 있는 교육과정 설계와 수업을 제공하기 위해 필요한 것이 '핵심 아이디어'의 존재를 인지하고 이를 수업에 반영하는 것이다. 영역 단위로 진술된 2022 개정 교과 교육과정 핵심 아이디어는 영역 수준에서 진술되어 큰 틀의 교육과정 설계에 참고하고 활용할 수는 있지만, 작은 단위의 수업에서 활용하는 것은 어려울 수 있다. 따라서 교사들이 앞의 개별 지식이나 사실을 통하여 일반화된 생각, 그리고 핵심 아이디어를 형성할 수 있도록 수업을 디자인하는 철학이 필요하다. 이와 같은 수업 디자인이 이루어질 때 학생들에게 깊이 있는 학습과 역량을 키울 수 있는 수업을 제공할 수 있다.

개념 기반 교육과정과 수업

깊이 있는 학습과 핵심 아이디어를 더욱 깊이 있게 이해하기 위해서는 개념 기반 교육과정과 수업이라는 이론을 참고할 필요가 있다. 개념 기반 교육과정과 수업이 직접적으로 반영된 것은 아니지만 추구하는 방향성이 같기 때문이다. 새로운 지식이 수없이 많이 생겨나고 그 수명이 짧아지는 최근의 학습 환경에서는 많은 주제나 사실에 대한 피상적 학습보다는 새로운 문제 상황에 적용하고 활용할 수 있는 전이 가능한 학습 능력을 키우는 데 초점을 맞춘 교수·학습 방향이 필요하다.

이와 같은 필요성에 의하여 에릭슨과 래닝(Erickson & Lanning)이 제안한 것이 개념 기반 교육과정이다. 개념 기반 교육과정은 많은 양의 정보와 사실을 가르치는 것이 아니라 사실과 주제, 개념 간의 관계를 파악하여 원리나 일반화에 도달할 수 있도록 하는 교육과정과 수업 설계를 강조한다. 이를 통하여 학생들의 사고 기능과 탐구 과정에 전이력이 극대화되면 이것이 곧 역량 형성으로 연결될 수 있다.

에릭슨이 지식의 구조 이론을 설명하며 제시한 다음의 예를 통해서 개념 기반 교육과정과 수업의 성격을 보다 쉽게 이해할 수 있을 것이다. 아래 그림의 칠판에 제시된 7개의 단어들은 작은 단위의 개별적인 내용들이다. 이 내용들을 개별적으로 알고 이해하는 수업은 개념 기반 교육과정과 수업이 추구하는 방향과는 거리가 멀다.

학생들이 칠판에 적혀 있는 7개의 개별적 사실들로부터 "사람들은 과거의 전통, 신념, 기념일을 계승한다."라는 일반화된 사고를 만들어나갈 수 있도록 하는 것이 개념 기반 교육과정이 추구하는 수업 방향이다. 이와 같은 과정을 통하여 만들어진 일반화된 사고는 암기를 통하여 학생 머릿속에 인위적으로 들어온 기억력에 의존하지 않는다. 학생 스스로 만

개념 기반 교육과정과 수업

들어낸 개념은 실제 생활에서 적용하고 활용 가능한 역량으로 발현될 수 있다. 이와 같이 전이력을 극대화하는 학습을 설명하기 위해서 에릭슨과 래닝은 지식의 구조와 과정의 구조를 아래와 같이 분석하였다.

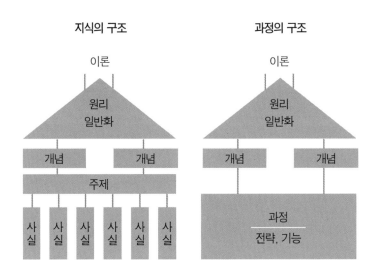

출처 : Erickson & Lanning, 2013

칠판에 있던 이슬람교, 크리스마스, 유대교, 라마단, 성지순례라는 사실적 지식이나 소재로부터 신념, 기념일, 전통이라는 개념이 도출된다. 그리고 2개 이상의 개념이 만나 "사람들은 과거의 전통, 신념, 기념일을 계승한다."와 같은 일반화된 사고를 만들어내고 이를 개념적 이해라 부른다. 학문 분야와 영역 간 지식의 내용은 다를지라도 지식의 구조는 이와 같은 원리로 형성된다. 따라서 학생들이 사실이나 개별적 지식으로부

지식의 구조

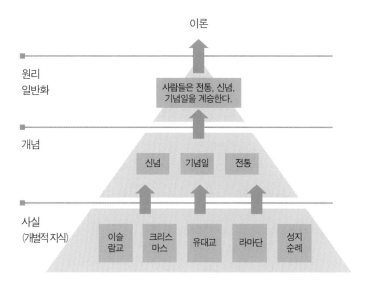

터 개념, 일반화에 이르는 사고 과정을 경험할 수 있도록 교육과정을 구성하고 수업을 실행하는 것이 중요하다.

언어(국어, 영어)와 예술 교과에서는 과정이나 기능적인 요소의 비중이 높다. 래닝은 지식의 구조와 같이 과정의 구조도 제시하였다. 학생들이 신문 기사나 문서, 미디어 등을 읽는 것은 '독해' 과정이다. 그리고 이 과정에서 '독자', '텍스트 속 정보', '텍스트의 시각적 특징(진한 글씨, 그림, 그래프, 도표, 밑줄 등)'이라는 개념이 도출된다. 그리고 이 개념들을 바탕으로 문서를 읽을 때 "독자는 텍스트의 특징(중요 정보의 시각적 특징)을 파악하여 주제나 정보를 효율적으로 찾을 수 있다."는 일반화된 사고가 형

과정의 구조

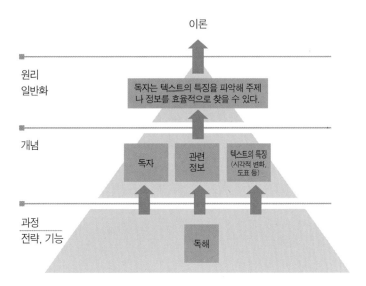

성된다.

　이러한 과정의 구조에 의하여 만들어진 일반화된 사고는 다른 과정에도 전이된다. 일반화된 사고가 없는 학생들은 문서를 기계적으로 읽어내는 단순 기능 수준에 머무른다. 그러나 일반화된 사고를 만들어낸 학생은 다른 글을 읽을 때에도 왜 내가 이 글을 읽고, 어떻게 읽어야 효율적인지를 알아서 효율적인 글 읽기를 해낼 수 있는 것이다.

　에릭슨과 래닝이 제시한 지식의 구조와 과정의 구조는 학습을 통해 알게 된 사실적 지식들 사이의 관계를 귀납적으로 탐구하고 파악하고 일반화하여 학습자 개개인의 생각 패턴(인지구조에 맞는 자기만의 생각 만들기)을 만들어내는 학습으로 개념적 이해가 형성된다는 것을 보여준다. 이를 통하여 학습자는 '전이'가 일어날 수 있는 인지 수준에 도달할 수 있는 것이다. 개념 기반 교육과정을 더욱 깊이 있게 이해할 수 있도록 주요 용어들을 다음과 같이 정리했다.

개념 기반 교육과정의 주요 용어

개념(concept)

여러 대상이나 현상의 '공통된 특성'에 기초하여 하나의 범주로 분류하기 위해 인위적으로 만든 추상적 용어이다. 개념은 수많은 현상이나 사실을 일일이 암기하지 않더라도 다양하고 복잡한 사실이나 현상을 간단하게 이해하고 설명하는 것을 도와준다. 또한 개념은 구체적으로 경험하는 사실이나 현상을 넘어 새로운 현상을 이해할 수 있도록 도와주고 여러 가지 사실과 경험을 명료하게 이해할 수 있는 안목과 사고 틀을 제공해준다. 즉, 개념은 학습자가 타인에 의하여 정의된 진술을 수동적으로 받아들이는 것이 아닌, 사실 간의 관계 파악, 귀납적 학습의 결과로 학습자가 주도적으로 만들어낸 개인의 생각, 학습 결과물을 의미한다.

매크로 개념과 마이크로 개념(macro concept & micro concept)

매크로 개념은 학문과 교과 통합적으로 적용되는 광범위한 개념으로 전이력이 큰 개념(규칙성, 시스템 등)이고, 마이크로 개념은 특정 학문이나 교과 분야에서 사용하는 개념(함수, 채도, 음조 등)이다.

개념적 렌즈(conceptual lens)

개념적 렌즈는 단원 내용 전체를 관통하는 대표적인 지식체이다. 단원 전체에서 학습에 시너지를 내는 사고(synergistic)와 관련된 아이디어(idea) 또는 큰 개념(big concept)이라고 할 수 있다. 개념적 렌즈는 사실→개념→일반화로 나아가는 과정에서 필요하다. 일반화의 높은 수준 사고는 사실들을 활용한 낮은 수준 사고 간의 연결체를 제공하는 사고 틀로 이해할 수 있다.

단원(unit)

개념 기반 교육과정에서의 단원은 교과서에서 말하는 단원을 의미하는 것이 아니다. 이는 교수·학습의 설계자가 개념적으로 관련이 있는 여러 개의 성취기준을 선정하여 학습 주제로 묶어 제시하는 학습의 덩어리이다. 결국 단원은 교육과정 내에서 교사가 성취기준 모음을 통하여 새롭게 계획하여 설정하는 단원이다. 다양한 주제로 많은 차시를 설정하는 단원 설계는 개념을 형성하는 초점 있는 학습이 이루어지기 어렵기 때문에 개념 형성과 밀접한 내용으로 차시를 엄선하여 단원을 구성해야 한다.

일반화(generalization)

일반화는 학생들이 개념을 통하여 어떤 명제에 도달하는 것이다. 즉, 일반화는 개념과 개념의 관계를 경험적 자료를 가지고 증명한 보편성이 있는 서술이다. 예를 들어 대도시일수록 범죄율이 높다는 것은 대도시와 범죄의 관계를 여러 자료를 분석하여 증명한 것이다.

이러한 명제는 이미 밝혀져 있고 다 아는 사실일 수 있지만 학습을 하는 학생들은 해당 명제를 능동적으로 만들어낸 것이 아니다. 학생 스스로 능동적 명제를 일반화하여 도출하기 위해서는 증거(사실)를 수집하고 확인하며 탐구를 통하여 스스로 입증하는 탐구 과정을 거쳐야 한다. 이것이 개념 기반 교육과정의 주요 학습 메커니즘이다.

핵심질문(key question)

핵심질문은 일반화를 도출하는 데 필요한 주요 학습 내용을 탐구할 수 있도록 안내하는 길잡이 역할을 한다. 핵심질문을 통하여 학생들은 스스로 이해한 것을 표현할 수 있다. 이 표현이 바로 학생들이 능동적으로 만들어낸 '개념'이라 볼 수 있다.

출처 : 조호제 외(2021) 참조하여 수정 · 보완

위 개념들을 종합하여 개념적 이해가 일어나는 학습 메커니즘을 다음의 그림(이 책 208쪽)으로 표현할 수 있다.

처음 3종류의 사각형(정사각형, 직사각형, 평행사변형)을 본 학생은 이 3가지 도형을 자신의 인지구조에 맞추어 패턴화의 과정을 거쳐 자신만의 개념적 렌즈를 형성한다. 이를 통하여 사각형은 4개의 선분과 꼭짓점으로 이루어진 평면도형이라는 일반화된 생각을 형성한다. 그리고 이를 바탕으로 4개의 선분과 꼭짓점으로 이루어진 다른 형태의 평면도형(사다리꼴, 마름모)도 사각형이라고 생각할 수 있는 전이가 일어난다. 이 과정에서 시너지를 내는(synergistic) 사고가 일어난다. 개별적인 사각형들로부터 사각형에 대한 일반화된 생각을 끌어내고, 이로부터 다양한 종류의 사각형들을 예로 제시하여 연결할 수 있는 사고 과정이 시너지를 내는 사고이다. 즉, 일반화된 생각과 개별적 지식이나 사실 사이를 자유자

개념 기반 교육과정의 학습 메커니즘

재로 넘나들 수 있는 사고를 의미한다(오른쪽 쌍방향 화살표 부분). 이는 둘 사이에 개념적 렌즈가 있기 때문에 가능한 것으로, 시너지를 내는 사고가 활발히 일어날수록 전이력이 높아지고 배움을 실제 삶에 활용하는 역량으로 귀결되는 것이다.

개념 기반 교육과정은 2022 개정 교육과정에 언급된 깊이 있는 학습을 위한 여러 가지 교육과정 설계와 수업 디자인 방법 중 하나다. 다만 개념 기반 교육과정을 학교 현장에 일반화하여 적용하려면 다음 사항들을 고려해야 한다.

첫째, 개념 기반 교육과정 설계 방법이 모든 교과와 영역들에 합리적인 최선의 대안이 될 수 있을까? 이름 그대로 '개념'이 주 학습 구성요소인 교과에는 효율적으로 적용될 수 있다.

둘째, 개념 기반 교육과정의 개념적 이해와 일반화, 시너지를 내는 사고는 지식, 이해와 같은 저차원적 사고가 아닌 고차원적 사고를 요구한다. 다시 말해 인지에 대한 인지를 발휘하는 상위인지(메타인지)적 사고가 뒷받침되어야 한다. 그리고 기초학습 부진학생과 같이 배움이 느린 학생들에게 역효과를 불러일으킬 가능성에 대한 연구도 필요하다. 지식의 구조를 분석하면 상위 단계에 있는 일반화와 원리 학습 단계는 초등학교 저학년보다는 고학년, 초등학교보다는 중·고등학교 학생들의 학습 내용이나 인지 수준에 적합할 수 있다(질량보존의 법칙과 같은 원리와 법칙은 중학교 이후에 학습하는 비율이 높음).

셋째, 교과 내용체계표와 성취기준 중심으로 교육과정이 설계되어 있는 우리나라 교육과정 운영 방식에 개념 기반 교육과정을 적용하기 위해서는 기존 내용체계와 성취기준의 전면적 재조직화가 필요하다. 개념 기반 교육과정과 같이 빅 아이디어적 접근에 기반하여 학습의 전이와 역량 형성을 강조하는 이해 중심 교육과정(백워드 설계)이 있다. 이것은 개념 기반 교육과정보다 학교 현장에 먼저 소개되었다. 하지만 이해 중심 교육과정에 대한 이해와 실천의지가 높은 소수의 교사만이 실천하고 있는 이유는 GRASPS(Goal(목표), Role(학생 역할), Audience(과제와 관계된 대상), Situation(실제 상황), Product(결과물), Standars(수행기준)), WHERETO(Where·why(그 단원을 왜 배우는지), Hook(동기유발), Equip·Enable(과제수행 지식, 노하우 형성), Rethink(재점검), Evaluate(자기평가), Tailor(다양화 구성), Organize(깊이 있는 이해를 위한 조직))와 같이 복잡한 설계 템플릿 때문이다. 개념 기반 교육과정 또한 11단계 설계 템

줄리 스턴의 개념 기반 교육과정 설계 템플릿

출처 : Julie Stern, 2017

플릿을 제시하기 때문에 10개 교과와 1년에 약 1,000시간의 수업을 진행하는 초등교사들이 이를 적용하는 것은 쉬운 일이 아니다.

이처럼 고민해야 할 지점들이 있음에도 불구하고 개념 기반 교육과정은 역량 형성을 위한 학습에 새로운 방향을 제시해주었다. 현실적인 접근 방안은 개념 기반 교육과정의 학습 메커니즘(개념적 이해 형성 과정)을 이해하고 이에 적합한 교과와 영역을 찾아 작은 단위에서 실천하는 것이다. 군이 11단계 템플릿이 아니더라도 학생들을 개념적 이해에 도달시킬 수 있는 여러 가지 방안들이 있을 것이고, 그것은 지금 대한민국의 많은 교실에서 구현되고 있다.

깊이 있는 학습,
어떻게 할 것인가?

개념 기반 교육과정은 2022 개정 교과 교육과정의 방향인 '깊이 있는 학습'을 위한 하나의 접근법이 될 수 있다. 깊이 있는 학습과 개념 기반 교육과정 모두 학생들이 배움을 실제 생활에서 활용할 수 있는 역량 형성을 최종 방향으로 설정하고 있다. 역량 형성을 위해서는 학습의 전이가 중요하기 때문이다. 개념 기반 교육과정에서 강조하는 학생이 주도적으로 만들어가는 개념과 이를 일반화한 생각들은 실제 삶 속의 유사한 맥락에 적용할 수 있는 강력한 매개체가 될 수 있는 것이다.

그러나 개념 기반 교육과정에서 말하는 개념은 사실 새로운 것이 아니다. 개념과 일반화, 이를 통한 학습의 전이가 이뤄지는 생각하는 힘을 키워주는 수업은 많은 교사들이 이미 자신의 교실에서 실천하고 있는 것들이다. 개념 기반 교육과정은 지식과 과정의 구조를 시각화하고 이 과정에서 학생의 사고 과정을 체계적으로 분류하여 용어를 붙이고, 개념 형성을 위한 설계 템플릿을 제시한 이론이다. 수많은 교사들에 의하여 매일 이루어지는 교실 수업 장면들을 분석해보면 개념 기반 교육과정에서 강조하는 학습 메커니즘 외에도 학습의 전이가 일어나게 하는 좋은 대안적 방법들을 실천하고 있을 것이다.

개념 기반 교육과정과 수업 설계 방향은 역량을 키워줄 수 있는 깊이 있는 학습의 여러 방안 중 하나일 수 있다. 그러나 개념 기반 교육과정이 모든 교과와 영역에서 역량을 키워줄 수 있는 만병통치약과 같은 효과를 발휘할 수 있을까? 개념 기반 교육과정에 적합한 교과와 영역이 있을 것이고, 다른 대안적 방안을 활용하는 것이 적합한 교과와 영역 또한 존재할 것이다. 게다가 대한민국 교사들 중 몇 퍼센트가 개념 기반 교육과정의 복잡한 단원 설계 원리를 교실에서 구현해낼 수 있을까? 이러한 한계점을 고려했을 때 깊이 있는 학습을 위한 보다 일반화할 수 있고 쉽게 교실 현장에 적용할 수 있는 대안적 방안이 필요하다. 먼저 깊이 있는 학습이 이루어지는 수업을 자세히 들여다보자.

깊이 있는 학습, 학습 과정에 대한 성찰, 삶과 연계한 학습, 교과 간 연계와 통합은 2022 개정 교과 교육과정을 설계하기 위한 기초 연구에서 이론들을 체계적으로 분석하여 제시한 교과 설계의 방향이다. 물론 이론적 배경에 의한 방향 설정도 필요하지만 더욱 중요한 것은 깊이 있는 학습이 일어나는 실제 수업 장면을 명확하게 제시하는 것이다.

여기에서는 깊이 있는 학습이 일어나는 과학 교과의 '일의 원리' 단원 수업을 예로 들어본다. 1차시에는 움직도르래의 원리에 대해 수업하고,

2차시에는 빗면의 원리, 3차시에는 지레의 원리에 대해 수업한다. 그리고 각 차시에서 일과 힘, 이동거리의 관계를 알아보고 각 기구의 작용 원리를 이해시키는 과정으로 수업이 이루어졌다.

전통적 방식의 수업

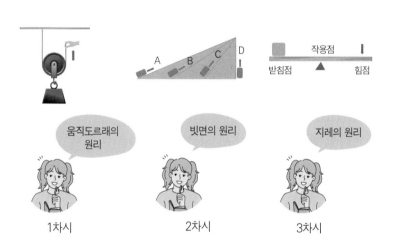

여기서 끝나는 것은 깊이 있는 수업이 아니다. 학생 개개인의 주도적인 생각을 만들어주고 전이가 일어날 수 있는 수준의 학습이 추가로 이루어져야 깊이 있는 학습이라 할 수 있다.

전통적 수업에서 깊이 있는 학습으로 나아가기 위한 첫 번째 스텝은 다음 그림과 같이 학생에게 1, 2, 3차시에서 학습한 내용을 관통할 수 있는 주도적인 생각 만들기가 이루어지는 것이다. 1, 2, 3차시의 수업으로

깊이 있는 학습을 위한 첫 번째 스텝

부터 학생 개인의 주도적인 생각이 만들어진 다음 두 번째 스텝은 수업 상황과 다른 맥락에서도 이 생각을 적용해낼 수 있는 과정을 경험하도록 하는 것이다. 이것이 학습의 전이이자 역량교육의 핵심이다.

깊이 있는 학습을 위한 두 번째 스텝

깊이 있는 학습이 이루어진 수업

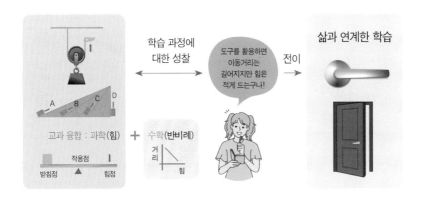

깊이 있는 학습의 완성은 이 전이를 수업에서 직접 경험하는 것이다. 학생이 스스로 만들어낸 생각을 실제 생활 도구인 문고리에 적용할 수 있는 전이 학습이 이루어질 수 있도록 탐구질문 혹은 수행평가와 연계한 과제를 제시할 수도 있다. 위 그림은 깊이 있는 학습을 위한 전통적 수업과 첫 번째, 두 번째 스텝을 종합한 것이다. 그림에는 2022 개정 교육과정의 교수·학습 방향에서 제시된 깊이 있는 학습, 학습 과정 성찰, 교과 통합적 사고, 삶과 연계한 학습 모두가 포함되어 있다. 1, 2, 3차시 수업에 대한 성찰 과정에서 수학적 사고(반비례)가 교과 통합적으로 함께 사용되고, 일과 힘의 원리라는 생각을 만들어낸다. 바로 이 생각이 실생활로 전이될 수 있는 매개체가 되어 삶과 연계한 학습을 가능하게 한다.

깊이 있는 학습의 원리

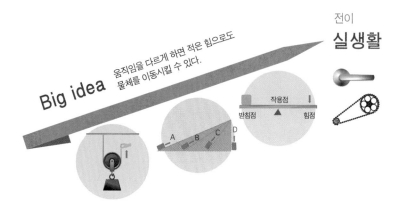

　깊이 있는 학습은 위의 그림과 같이 비유할 수 있다. 깊이 있는 학습은 개별 차시(개별 지식이나 사실) 수업 내용들을 일반화할 수 있는 빅 아이디어를 만들어내는 과정이 필요하다. 그리고 이 과정은 그림과 같이 '꼬챙이'로 비유할 수 있다. 꼬챙이의 끝이 뾰족할수록 여러 가지 사실이나 지식을 쉽게 꿰어낼 수 있으며 나아가 실생활에서도 꿰어낼 수 있다. 앞에서 설명한 일의 원리에 대한 빅 아이디어라는 꼬챙이가 실생활 속에서 문고리와 자전거 체인 등을 꿰어내는 것이 바로 깊이 있는 학습의 방향이다.

깊이 있는 학습을 만드는
현실적인 대안은 무엇인가?

깊이 있는 학습이 역량 함양을 위한 방향인 것은 자명하다. 그러나 문제는 이를 실천해내야 하는 현장의 교실이다. 깊이 있는 학습을 위하여 개념 기반 교육과정의 설계 템플릿 절차에 따라 단원과 수업을 전면 재구성하는 것은 현실적으로 어렵다. 개념 기반 교육과정의 전문가나 교육과정 재구성 실천역량이 높은 교사가 아닌 대한민국 보통의 교사가 적은 노력으로 깊이 있는 학습을 이루어낼 수 있는 대안적 방안, 쉽고 현실적인 접근이 필요하다.

전통적인 수업에서 깊이 있는 수업으로 전환하기 위해 한 가지만 바꾸어보자. '전망대' 수업을 추가하는 것이다. 하나의 단원 혹은 내용 요소나 기능이 유사한 성취기준 군(群)을 위한 여러 차시 수업들을 한눈에 조망할 수 있는 수업을 필자는 '전망대 수업'이라고 표현한다. 전통적인 수

깊이 있는 학습의 원리

| 1차시 | 2차시 | 3차시 | 4차시 |

업에서는 한 단원을 구성하는 여러 주제의 차시 하나하나를 수업하고 수업이 모두 끝난 후 총괄평가하는 방식으로 해당 단원의 주요 지식이나 기능 등을 종합적으로 평가했다. 과정 중심 평가가 도입되어 단원을 구성하는 주요 과정마다 평가와 피드백이 이루어지고 있기는 하지만, 전체적인 수업의 흐름은 여전히 각 차시 주제들이 독립적으로 나열된 방식으로 이루어진다. 한 단원을 구성하는 나무 각각의 특징들을 자세하게 탐구하는 방식으로 교수학습이 진행되는 것이다.

이와 같은 전통적 방식의 단원 학습 흐름에서 전체 학습을 조망해서 볼 수 있는 전망대 역할을 할 수 있는 수업을 추가하는 것으로 깊이 있는 학습의 방향을 찾아갈 수 있다. 각각의 나무에 대해서 자세히 탐구하는 3차시의 수업에서 끝내지 않고 다음 그림과 같이 전체를 조망하는 4차시 수업을 추가하면 각각 들여다본 나무들의 특징을 종합하는 사고를 할 수

전망대 수업으로 단원 전체 학습 조망

있다. 즉 깊이 있는 학습을 위한 학습 과정의 성찰, 즉 메타인지적 사고가 이루어지는 수업이 된다. 이 전망대 수업은 개념 기반 교육과정 맥락에서는 개념적 렌즈로 비유할 수 있다. 전망대 수업을 통하여 학생들에게 나무만이 아닌 숲을 볼 수 있는 눈을 갖게 할 수 있다. 숲을 볼 수 있는 눈은 결국 전체 나무들을 조망하여 숲 전체 지도를 그릴 수 있게 한다. 이 지도가 사실과 개념들로부터 만들어낸 일반화된 원리에 해당한다.

학생들이 학습을 통하여 '지도'를 갖게 되면 실제 생활에서 수업과는 조금 다른 맥락을 만났을 때 그 지도를 활용하여 올바른 길을 찾을 수 있을 것이다. 올바른 길을 찾는다는 것은 학습 내용과 관련된 실제 생활에서 역량으로 구현될 수 있음을 의미한다. 이처럼 현재 교과서에 있는 단원들에 전망대 수업 하나를 추가하는 것만으로도 깊이 있는 학습을 위한 전환점이 될 수 있다.

깊이 있는 학습을 만드는
수업 루틴

깊이 있는 학습을 위해 개념 기반 교육과정과 수업 설계 템플릿을 활용할 수 있다. 하지만 11단계, 즉 ① 주제 및 단원명 설정→② 개념적 렌즈 파악→③ 단원 영역 설정→④ 영역, 개념, 주제 배치→⑤ 일반화 진술→⑥ 안내질문 만들기→⑦ 중요내용 확인→⑧ 핵심기능 확인→⑨ 루브릭 작성→⑩ 학습경험 설계→⑪ 단원 개요 작성에 이르는 복잡한 과정으로 교육과정을 재조직화하는 것은 쉬운 일이 아니다. 깊이 있는 학습이 구호가 아닌 대한민국의 많은 교실에서 실제 수업으로 구현되기 위해서는 보다 현실적인 접근 방법이 필요하다. 이를 위해서는 깊이 있는 학습을 쉽고 단순하게 설명할 수 있어야 한다. 그리고 이를 여러 교과와 영역에서 포괄적으로 구현해낼 수 있는 수업 방법과 흐름들을 제시할 수 있어야 한다.

깊이 있는 학습에서의 학습 과정

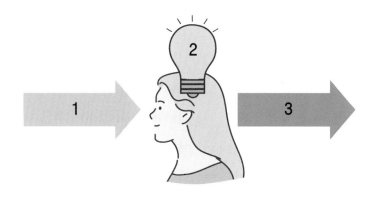

깊이 있는 학습은 위와 같이 그림으로 단순화할 수 있다. 사실이나 낮은 차원의 지식이나 기능들이 먼저 학생들의 머릿속에 들어온다(그림 1번 과정). 그리고 학생들은 이러한 지식이나 기능, 사실들을 재료로 하여 기존 인지구조와의 지적 갈등을 통해 자기주도적인 생각을 만들어낸다(그림 2번 과정). 이 생각이 학습의 전이를 위한 매개체가 되어 학습한 내용과 다른 맥락, 더 나아가서 실생활에서 배움을 활용할 수 있게 한다(그림 3번 과정).

깊이 있는 학습이 이루어지기 위해서 필요한 학습 과정에 대한 성찰, 삶과 연계한 학습, 교과 간 연계와 통합 중 가장 중요한 것은 위 그림의 1번과 2번 사이에서 이뤄지는 학습 과정에 대한 성찰이다. 보통 교실에서 실행되는 교육과정의 기본적인 학습 단위(UNIT)는 단원 혹은 성취기준이다. 이 학습 단위(UNIT)는 수 개의 수업 차시들로 구성된다. 이 차시들에서 학습한 내용들을 학생이 전체적으로 조망하고 귀납적으로 일반화하여 자기주도적인 생각을 만들어낸다. 이는 배움 중심 수업의 맥락과도 연결된다. 배움 중심 수업에서 말하는 배움은 주입식으로 주어지는 교과서의 지식이나 이미 만들어진 학문적 지식을 학생들이 수동적으로 받아들이는 것이 아니라 교사와 학생 혹은 학생과 학생 간의 관계를 통하여 주도적으로 자기 생각을 만들어내는 것을 의미한다.

1번으로부터 2번을 만들어내는 실제 수업 방법들은 다음과 같다. 교사들은 이것을 일상 수업에서 깊이 있는 학습을 만들어주는 수업 루틴으로 활용할 수 있다.

편지쓰기 학습

편지쓰기 학습은 단원의 주요 학습 요소 및 개념들에 대한 학습의 다음 단계에서 이루어진다. 학습한 내용들을 바탕으로 귀납적 사고를 통하여 일반화된 학생 개인의 생각을 글로 정리하는 과정이다. 편지쓰기는 친한 친구가 결석으로 이번 단원(혹은 성취기준 단위 학습) 수업에 참여하지 못했다는 가상의 상황을 설정하고 그 친구에게 해당 학습을 알려주는 편지를 쓰게 하는 활동이다. 편지쓰기는 필자가 교직 생활 초창기부터 여러 과목에서 사용해온 학습 방법이다.

국어과에서는 자신만의 글쓰기 혹은 읽기, 말하기 전략들을 일반화는 내용을, 수학과에서는 문제해결 혹은 개념에 대한 일반화 과정을, 과학과나 사회과에서는 개념에 대한 학생 개인의 생각과 그 생각을 일상생활 속에서 연결하는 내용을 글로 써보는 학습 방법이다.

편지쓰기 학습

오늘 배운 수학 내용을 아직 배우지 못한 친구가 알 수 있도록 편지를 써보세요.

이와 같은 편지쓰기 활동은 학습 내용들에 대한 메타인지적 사고를 통하여 학생 개개인의 주도적 생각을 견고하게 다져줄 수 있다. 편지쓰기 학습은 수업활동뿐만 아니라 평가활동으로도 연결할 수 있다. 편지쓰기가 성취기준에 기반한 논술형 평가가 될 수 있기 때문이다. 이는 IB(국제공통대학입학자격시험)에서 이루어지는 평가와도 맥을 같이한다. IB에서 실시하는 논술형 평가 또한 본질은 편지쓰기 학습과 같이 주요 학습활동에 대한 메타인지적 사고를 통하여 학생이 주도적으로 만들어낸 생각을 표현하는 활동이기 때문이다.

'∼란 ☐ 이다' 학습

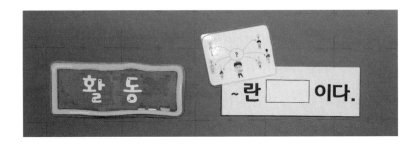

'∼란 ☐ 이다' 학습은 개념 형성 학습에서 자주 활용하는 생각 만들기 학습 방법이다. 교과서나 기존 학문에서 정의한 개념을 수동적으로 받아들이는 것이 아니라 학생들 스스로 개념을 만들어갈 수 있게 한다. 활용 방법은 우선 개인의 생각으로 빈칸을 정리한다. 그리고 모둠에서 각자의 생각을 공유하면서 모둠의 생각을 정리한다. 다시 모둠에서 정리한 생각을 바탕으로 갤러리 워크 학습을 통하여 전체 학생들의 생각을 공유하고 최종적으로 학생 개인의 생각을 수정 보완할 수 있도록 한다. 이 학습법은 사회과나 과학과 혹은 수학과에서 유용하게 활용할 수 있다. 패들렛이나 멘티미터와 같은 디지털 도구를 활용하면 더욱 효과적인 학습이 이뤄질 것이다.

'∼란 ☐ 이다' 학습은 '예를 들어보기' 활동과 짝을 이루면 개념 형성에서 시너지를 만들어낼 수 있다. 개념 기반 교육과정에서는 사실이나

멘티미터를 활용한 개념 형성 학습

민주주의란 [   ] 이다.

낮은 차원의 지식과 일반화된 원리 사이의 시너지를 내는 사고, 즉 개념적 렌즈를 통하여 빅 아이디어가 만들어질 수 있다고 하였다. '~란 [   ] 이다' 학습이 귀납적 사고를 통하여 일반화된 생각을 만들어준다면, 예를 들어보기는 일반화된 생각을 구체적 예시로 연결하는 반대 방향의 사고가 필요하다. 이 2가지 방향의 사고가 개념 기반 교육과정에서 이야기하는 시너지를 내는 사고, 즉 개념적 렌즈를 형성해줄 수 있는 학습이 될수 있다.

이 밖에도 학생이 주도적으로 생각을 만들어낼 수 있는 학습으로 학습 저널 쓰기, 짝 코칭, 갤러리 워크, SEEI 템플릿(진술하기, 자세히 설명하기, 예시 들기, 비유 또는 이미지로 묘사하기) 등이 있다(Julie Stern(2017) ; 임유나(2022)에서 재인용).

깊이 있는 학습을 위해서는 1번 → 2번 과정도 중요하지만 2번 → 3번 과정도 못지않게 중요하다. 2번 → 3번 과정은 자기주도적으로 만든 생각을 학생들이 실제 생활 속에서 적용하는 학습을 의미한다. 국어과의 경우 읽기 영역에서는 최근의 시사 자료를 활용하여 수업할 수 있고, 쓰기 영역에서는 실제 생활 속 소재를 주제로 쓰기 활동을 할 수 있다. 매체 영역에서는 실제 미디어 매체를 소재로 활용할 수 있다. 수학과의 통계 영역에서는 생활 속 소재를 활용하는 방법으로, 측정 영역에서는 실

배움을 삶과 연결하는 학습

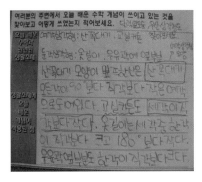

제 생활 도구를 측정해보는 방법으로 배움을 삶과 연결해보는 경험을 할 수 있다. 과학과에서는 생활 속 과학 현상들을 학습의 주요 소재로 활용해볼 수 있고, 특히 2022 개정 교육과정에서 새로 신설된 '과학과 사회' 영역에서 배움을 삶과 연결해볼 수 있는 기회를 보다 많이 제공할 수 있을 것이다. 사회과는 지리 인식, 자연환경과 인간 생활, 인문환경과 인간 생활, 지속가능한 세계, 정치, 법, 경제, 사회·문화, 역사 일반, 한국사 등 많은 영역이 모두 학생들이 살아가는 실제 사회의 현상을 기반으로 만들어진 것이기 때문에 실생활과 연결 짓는 학습이 필수적이다. 예술, 체육 교과 또한 실생활 소재를 활용한 학습 또는 학습 결과물을 실제 생활에서 활용하게 하는 프로젝트 학습 등으로 배움을 삶과 연결 짓는 활동으로 만들 수 있다.

탐구질문, 어떻게 할까?

2022 개정 교육과정 총론의 교수·학습 항목에서는 '탐구질문'을 강조하고 있다.

II. 학교 교육과정 설계와 운영

2. 교수·학습

나. 학교는 학생들이 수업에 능동적으로 참여하고 학습의 즐거움을 경험할 수 있도록 교수·학습을 설계하여 운영한다.

　1) 학습 주제에서 다루는 탐구질문에 관심과 호기심을 가지고 스스로 문제를 해결하는 학생 참여형 수업을 활성화하며, 토의·토론 학습을 통해 자신의 생각을 표현하는 기회를 가질 수 있도록 한다.

탐구질문은 깊이 있는 학습을 위한 가교 역할을 할 수 있다. 인지능력이 뛰어난 학생은 깊이 있는 학습에 필요한 학생 주도적 생각, 빅 아이디어를 스스로 만들어낼 수 있는 능력이 있지만 배움이 느린 학생은 귀납적 사고를 통한 일반화된 생각을 만드는 데 교사의 도움이 필요하다.

교사의 도움은 직접적으로 문제를 해결해주는 도움이 아닌 비계(scaffolding) 역할을 할 수 있는 도움이어야 한다. 일반화된 생각을 교사 주도로 집어넣는 방식은 과거 전통적 방식의 수업과 다르지 않기 때문이다. 질문을 활용한 수업은 현장에서 교사들이 비교적 많이 사용 중이어서 낯선 방식은 아니다. 특히 2015 개정 교육과정 시기부터 핵심질문이라는 용어로 백워드 설계에서 많이 활용되었다. 다만 깊이 있는 학습을 위한 가교 역할을 하기 위해서는 탐구질문을 사용하는 타이밍과 방법들에 대하여 세밀한 논의가 필요하다.

탐구질문은 수업의 흐름을 따라 곳곳에 필요하지만 가장 중요한 것은 수업의 첫머리이다. 탐구질문을 수업의 첫머리에 배치한다면 더욱 강력한 수업에 대한 지적 동기유발 효과를 기대할 수 있다. 이와 같은 효과를 얻을 수 있는 탐구질문은 다음 4가지를 갖추어야 한다(유영식, 2018).

- 다양한 답을 기대할 수 있는 질문(확산적, 발산적 활동)
- 질문에 대한 답을 찾아가는 과정에서 성취기준 도달 정도를 확인할 수 있는 질문
- 단원 혹은 성취기준 단위에서 필요한 지식이나 개념들을 포괄하여 일반화된 생각을 도출해낼 수 있는 질문

- 학생들의 삶과 연계된(생활 속 맥락) 소재를 활용한 질문

사회과 [4사03−02] 성취기준 "고장 사람들의 생활과 밀접하게 관련이 있는 지역의 다양한 중심지(행정, 교통, 상업, 산업, 관광 등)를 조사하고, 각 중심지의 위치, 기능, 경관의 특성을 탐색한다."에 따른 전통적 학습목표와 탐구질문을 활용한 수업 도입을 비교하면 다음과 같다.

전통적 학습목표를 활용한 수업	탐구질문을 활용한 수업
• 고장 사람들의 생활과 밀접하게 관련이 있는 다양한 지역 중심지를 조사할 수 있다. • 각 중심지의 위치, 기능, 경관의 특성을 탐색할 수 있다.	우리 고장의 중앙역, 안산시청, 대부도 어촌체험마을 등은 왜 그 위치에 있는가?

교실에서 일반적으로 수업의 목표를 제시하는 "무엇을 알고, 무엇을 할 수 있다."와 같은 진술 방식은 수업의 도착 지점을 명시하지만, 탐구질문 방식은 성취기준 도달을 위한 모든 활동들의 출발 지점 역할을 한다. 탐구질문에서 언급한 중심지 시설이 학생들이 살고 있는 고장에 있는 것이라는 사실은 동기유발의 효과를 더욱 극대화한다. 또 질문에 대한 답을 찾아가는 과정은 행정, 교통 시설들이 어떤 위치에 있고, 그 위치의 특성을 분석하는 성취기준에 대한 이해의 증거 활동이 된다.

여기서 주의할 점은 성취기준에 포함된 내용 요소이다. 질문만 제시하고 수업을 시작할 경우 성취기준과 관련이 없는 방향으로 수업이 진행

될 수도 있다. 따라서 성취기준의 내용 요소를 학생들이 질문에 대한 답을 찾아가는 수행과제의 조건으로 제시하여 성취기준과 관련된 답을 찾는 방향으로 수업을 이끌어가야 한다. 위 사례의 탐구질문의 경우 각 시설의 기능, 특징과 위치를 관련지어 답을 찾아야 한다는 것을 수업 중 자연스럽게 대화 형식으로 제시하면 질문에 대한 사고 및 활동이 성취기준과 연계된 학습목표를 향하게 되고, 그 결과 학생 주도적 생각을 만들어 낼 수 있다.

『핵심질문, 학생에게 이해의 문 열어주기』에서는 핵심질문의 조건을 다음과 같이 설명한다.

1. 개방형, 하나의 최종적인 정답이 없다.

2. 사고를 촉발하고 지적으로 몰입하게 하며, 종종 토론과 논쟁을 유발한다.

3. 분석, 추론, 평가, 예측과 같은 고차원적인 사고를 요구한다. 단순 암기만으로 효과적인 답을 얻어낼 수 없다.

4. 한 과목 안에서(혹은 교과 간) 중요하고 다른 분야까지 적용 가능한 생각을 유도한다.

5. 부가적인 질문을 제기하고 추가적인 탐구 활동을 촉발한다.

6. 단지 답만이 아니라 정당한 근거와 지지를 요구한다.

7. 시간이 지나면서 같은 질문이 되풀이된다. 핵심 질문은 거듭해서 반복될 수 있고 반복되어야 한다.

수업 도입부에서 제시하는 탐구질문은 전체적인 수업을 지탱해주는 척추 역할을 해야 한다. 학생이 자기주도적 생각을 만들 수 있는 깊이 있는 학습이 되기 위해서는 도입부뿐 아니라 수업이 진행되는 과정 중에도 질문이 필요하다. 수업이 진행되는 과정에서는 학생들이 일반화된 생각을 만드는 데 필요한 사실적 지식이나 개념, 그리고 가치관이 대립되는 상황을 맞닥뜨리게 하여 자기 생각을 더욱 확고하게 정립해갈 수 있게 해야 한다. 이를 위해서는 사실적 질문, 개념적 질문, 논쟁적 질문 등의 적절한 활용이 필요하다.

일반화	세균은 질병을 유발할 수 있다.
일반화를 위한 질문	세균이란 무엇인가? (F)
	사람들은 왜 질병에 걸리는가? (F, C, D)
	세균의 확산을 어떻게 막을 수 있는가? (C, D)
	개인의 선택이 공동체의 건강에 어떠한 영향을 미치는가? (C, D)

※ F=사실적 질문, C=개념적 질문, D=논쟁적 질문

출처: 임유나 등 역(2022) 재인용

2022 개정 교육과정의
과정 중심 평가

2015 개정 교육과정과 함께 도입된 과정 중심 평가는 현장의 평가에 큰 영향을 주었다. 그동안 수업과는 별개의 성적 산출을 위한 선발적 평가관에 의하여 이루어졌던 평가의 많은 부분이 학생의 성장과 발달을 위한 관점에서 이루어지도록 바뀌었다. 2022 개정 교육과정의 평가도 이와 맥을 같이하고 있다. 2022 개정 교육과정 총론에서 제시된 평가의 방향은 학교 교육과정 설계와 운영의 평가 항목에서 확인할 수 있다.

이 평가 항목을 분석하면 2022 개정 교육과정 평가는 학생들의 역량 함양을 지원해줄 수 있도록 인지적 요소만 아니라 정의적 요소까지 총체적인 평가가 이루어져야 함을 확인할 수 있다. 그리고 평가가 성적 산출만을 위함이 아니라 학생들의 성장과 발달 지원을 위하여 학습 결과만이 아니라 결과에 이르는 과정을 위한 것이라는 점을 확인하고 환류(피드백)

II. 학교 교육과정 설계와 운영

3. 평가

가. 평가는 학생 개개인의 교육 목표 도달 정도를 확인하고, 학습의 부족한 부분을 보충하며, 교수·학습의 질을 개선하는 데 주안점을 둔다.

  1) 학교는 학생에게 평가 결과에 대한 적절한 정보를 제공하고 추수 지도를 실시하여 학생이 자신의 학습을 지속적으로 성찰하고 개선할 수 있도록 한다.

  2) 학교와 교사는 학생 평가 결과를 활용하여 수업의 질을 지속적으로 개선한다.

나. 학교와 교사는 성취기준에 근거하여 교수·학습과 평가 활동이 일관성 있게 이루어지도록 한다.

  1) 학습의 결과만이 아니라 결과에 이르기까지의 학습 과정을 확인하고 환류하여, 학습자의 성공적인 학습과 사고 능력 함양을 지원한다.

  2) 학교는 학생의 인지적·정의적 측면에 대한 평가가 균형 있게 이루어질 수 있도록 하며, 학생이 자신의 학습 과정과 결과를 스스로 평가할 수 있는 기회를 제공한다.

  3) 학교는 교과목별 성취기준과 평가기준에 따라 성취수준을 설정하여 교수·학습 및 평가 계획에 반영한다.

  4) 학생에게 배울 기회를 주지 않은 내용과 기능은 평가하지 않는다.

다. 학교는 교과목의 성격과 학습자 특성을 고려하여 적합한 평가 방법을 활용한다.

  1) 수행평가를 내실화하고 서술형과 논술형 평가의 비중을 확대한다.

  2) 정의적, 기능적 측면이나 실험·실습이 중시되는 평가에서는 교과

목의 성격을 고려하여 타당하고 합리적인 기준과 척도를 마련하여
평가를 실시한다.
3) 학교의 여건과 교육활동의 특성을 고려하여 다양한 지능정보기술
을 활용함으로써 학생 맞춤형 평가를 활성화한다.

하는 과정을 위한 것이라는 점을 강조한다. 이로써 2015 개정 교육과정
과 같이 과정을 중시하는 평가를 강조하고 있음을 확인할 수 있다.

2022 개정 교육과정 평가 항목에서 눈여겨보아야 할 부분은 "학생이
자신의 학습 과정과 결과를 스스로 평가할 수 있는 기회를 제공한다."이
다. 이는 교수·학습에서 제시된 깊이 있는 학습과 관련이 있는 사항이
다. 깊이 있는 학습이 이루어지기 위해서는 학습 과정에 대한 성찰을 강
조해야 한다. 학습 과정에 대한 성찰, 즉 메타인지(상위인지)적 사고를 발
휘하여 자신의 학습을 점검하고 이를 통하여 자기주도적으로 생각을 만
들어가는 과정을 평가에서도 함께 강조해야 한다는 의미이다. 이는 과정
중심 평가에서 말하는 과정의 의미가 '평가 시기'에 대한 관점만이 아닌
학생 스스로 학습 과정을 점검하고, 이 과정에서 메타인지(상위인지)적
사고를 발휘하는 평가 성격에 대한 관점도 포괄하고 있음을 의미한다.

이와 같은 과정 중심 평가에 대한 사항은 모든 교과 교육과정(각론)에
적용되어 다음과 같이 제시된다.

국어 : 결과 중심의 평가 외에도 수행평가와 형성평가 등 과정 중심의 평가를 적극적으로 활용

도덕 : 학습의 결과뿐만 아니라 학습의 과정을 평가할 수 있는 수행평가 방법을 활용한다.

사회 : 학습 과정 및 학습 수행에 관한 평가가 이루어지도록 한다.

수학 : 학생의 수학 학습을 돕기 위해 수업과 평가를 통합하여 과정을 중시하는 평가를 실시한다.

과학 : 학생의 학습 과정과 결과를 평가하기 위해~다양한 방법을 활용한다.

실과 : 학습의 수행 과정 및 결과를 평가하는 과정을 중시하는 평가를 지향한다.

체육 : 학습 결과뿐만 아니라 학습 과정에서 나타나는 학습자의 변화를 학습 활동 및 개선 자료로 활용한다

음악 : 학습의 과정 및 결과를 평가할 수 있는 방법을 다양하게 활용하여 과정 중심 평가가 실행되도록 한다.

미술 : 학습자의 성장과 발달을 지원할 수 있도록 과정을 중시하는 평가를 계획하여 실행한다.

영어 : 학생이 평가를 학습 과정의 일부로 인식하고 자신의 영어 학습 과정과 성과를 성찰하도록 구안한다.

통합 : 평가는 교수·학습을 위한 평가, 교수·학습으로서 평가를 포괄한다.

2022 개정 교육과정은 디지털 대전환이라는 시대적 상황과 개정 중점 사항을 반영하여 디지털 도구와 온오프라인을 연계한 평가 또한 강조하고 있다.

IV. 학교 교육과정 지원

3. 학교의 교육환경 조성

가. 국가 수준의 지원

    4) 디지털 교육환경 변화에 부합하는 미래형 교수·학습 방법과 평가 체제 구축을 위해 교원의 에듀테크 활용 역량 함양을 지원한다.

나. 교육청 수준의 지원

    7) 온오프라인 연계를 통한 효과적인 교수·학습과 평가가 이루어질 수 있도록 하며, 지능정보기술을 활용한 맞춤형 수업과 평가가 가능하도록 지원한다.

      나) 수업 설계·운영과 평가에서 다양한 디지털 플랫폼과 기술 및 도구를 효율적으로 활용할 수 있도록 시설·설비와 기자재 확충을 지원한다.

이에 전통적인 종이와 교사의 눈에만 의존한 평가가 아닌 에듀테크를 활용한 평가를 교수·학습 장면에서 활용할 수 있다.

깊이 있는 학습을 위한 평가

역량 함양을 위한 깊이 있는 학습은 교과 내 영역 간, 교과 간 내용 연계성을 고려하고 학습 내용을 실생활 맥락 속에서 이해하고 적용하는 기회 제공, 자신의 학습 과정과 학습 전략을 점검하며 개선하는 기회 제공을 강조한다. 이와 같은 깊이 있는 학습은 수업뿐만 아니라 평가 장면에서도 함께 이루어져야 그 효과가 배가될 수 있으며 교수·학습과 평가의 일관성도 유지될 수 있다.

깊이 있는 학습은 전이 이론을 기반으로 한다. 전이는 특정 상황에서 학습한 것을 일반화된 형태로 전환하여 학습한 상황과 다른 맥락의 상황에서 사용할 수 있는 능력을 의미한다. 전이는 교과 내 영역 간 혹은 교과 간 연계가 이루어질 때 더욱 효율적으로 이루어질 수 있다. 실생활이나 학습 맥락과는 다른 맥락에서는 특정 교과나 영역 단위의 사고만이 아닌 상호 연계된 사고를 필요로 하는 경우가 많기 때문이다. 이와 같은 교과 내 영역 간, 교과 간 연계적 사고는 교수·학습뿐만이 아니라 평가를 통해서도 더욱 강화될 수 있다.

깊이 있는 학습에서 강조하는 전이는 학습 내용을 실제 생활에서 활용할 수 있어야 한다. 이는 초·중·고 모든 학교급에서 활용 비중이 높아지는 수행형 평가와 논술형 평가에도 적용할 수 있다. 수행평가 도구 설계 시 평가 장면에 실생활 소재를 활용하면 학습 내용을 실생활 맥락에서 이해하고 적용하는 기회를 평가를 통하여 제공할 수 있기 때문이다. 서술형·논술형 평가 설계 시에도 학생들이 작성해야 하는 답안을 자신의 삶과 연계하여 작성하게 할 경우 학습 내용을 실생활 맥락 속에서 이해하고 적용하는 기회를 평가를 통하여 제공해줄 수 있다.

자신의 학습 과정과 학습 전략을 점검하며 개선하는 기회를 제공하여 스스로 탐구하고 학습할 수 있는 자기주도 학습 능력을 함양할 수 있도록 하기 위해서는 과정 중심 평가의 방향을 다시 한번 짚어보아야 한다. 학교 현장에서는 과정 중심 평가를 수업 중간중간에 상시로 평가하는 평가 시기와 횟수의 확장이라는 외형적 측면에만 국한하여 이해하고 실천하는 경우가 많았다. 그러나 평가의 관점이 결과 지점만이 아닌 과정으로까지 확대된 근본적인 이유는 학생들이 스스로 학습 과정과 학습 전략을 점검·개선하여 자기주도 학습 능력을 함양할 수 있도록 하는 데 있다. 이를 위해서는 '자기평가'에 대한 재조명이 필요하다. 자기평가 시 학생들이 학습에 대한 학습인 상위인지(메타인지)가 발휘될 수 있도록 개선이 이루어져야 한다. 이와 같은 깊이 있는 학습이 이루어지기 위해서는 구체적으로 다음과 같은 평가가 필요하다.

교과 내 영역 간, 교과 간 내용 연계성을 고려한 평가

국어 교과는 도구 교과이기 때문에 국어 교과 고유의 기능을 다른 교과와 연결하여 함께 평가할 수 있다. 예를 들어 교사들이 주제 중심 교육과정이나 프로젝트 학습에서 특정 주제에 대한 토의·토론, 글쓰기·발표 활동을 주로 설계한다. 이때 특정 교과에 대한 내용과 더불어 국어 교과의 학습 요소도 연계하여 함께 평가할 수 있다. 시민성 함양(사회+도덕)이나 생태 및 지속가능발전(과학+사회+도덕)과 같은 특정 학습 주제를 통해 학생들이 교과를 통합하여 사고하는 과정을 평가할 수 있다.

교과 내 영역 간, 교과 간 내용 연계성을 고려한 평가는 교육부훈령 제433호 '학교생활기록 작성 및 관리 지침'에 성취기준 재구조화라는 용어로 다음과 같이 제시되어 있다.

> "성취기준이란 학생들이 교과를 통해 배워야 할 내용과 이를 통해 수업 후 할 수 있거나 할 수 있기를 기대하는 능력을 결합하여 나타낸 활동의 기준을 의미하며, 학생의 특성·학교 여건 등에 따라 교육과정 및 교과서 내용을 분석하여 교과협의회를 통해 재구조화할 수 있다."

교육부의 「교과 교육·과정 재구성 예시 자료집」(2021)에 따르면 성취기준 재구조화 중 통합의 방법을 예로 들고 있다. 따라서 평가 계획 수립 시부터 통합된 평가 계획을 수립하고 평가 도구 역시 2개 이상의 교과가

- **성취기준 통합**
  - 2개 이상의 성취기준을 통합하여 제시하여 학습량을 적정화하는 경우
  - 교과의 특성을 고려하여 2개 이상의 성취기준의 학습 요소 등을 연계하여
    지도하기 위해 재구조화한 경우

함께 평가될 수 있도록 설계(다문화와 관련된 사회와 도덕 성취기준을 통합하여 평가 계획을 수립하고, 평가 도구 설계 시 다문화를 주제로 도덕과와 사회과의 내용 요소가 함께 평가될 수 있도록 설계하고 평가 기록 시 사회와 도덕 통합 평가 장면을 기반으로 사회과와 도덕과 교과 세부능력 및 특기사항 모두에 기재)할 수 있다. 교과 간 성취기준을 연계하여 통합된 평가 계획을 수립하고 이를 기반으로 평가 도구를 제작하고 기록하는 과정을 다음 예시로 확인할 수 있다.

교과 간 연계 평가 〈예시〉

① 교과 간 연계된 평가를 위한 성취기준 재구조화(통합)

기존 성취기준		수학, 국어 통합 성취기준
수학	자료를 수집, 분류, 정리하여 목적에 맞는 그래프로 나타내고, 그 래프를 해석할 수 있다.	자료를 목적에 맞는 그래프로 나타내고, 이를 매체 자료를 활용하여 제작하고, 효과적으로 발표한다.
국어	매체 자료를 활용하여 내용을 효과적으로 발표한다.	

---

② 평가 계획 수립

〈수학〉

평가 요소	영역	평가 방법	평가 시기
자료를 수집, 분류, 정리하여 그래프로 나타내고, 해석하기	자료와 가능성	서술형 평가	6월

〈국어〉

평가 요소	영역	평가 방법	평가 시기
매체 자료를 활용하여 내용을 효과적으로 발표하기	듣기·말하기	구술형 평가	6월

③ 평가 과제

- 수행과제 : 우리 반 학생들의 장래 희망 직업을 그래프로 나타내고, 이를 매체 자료를 활용하여 제작하고, 효과적으로 발표하기
- 수행조건 : 그래프에 대한 통계적 사실을 기반으로 발표할 것

④ 채점기준

교과	수학	국어
평가요소	그래프로 나타내고 해석하기	매체 자료로 제작하고 발표하기
상	자료를 목적에 맞는 그래프로 나타내고, 여러 가지 통계적 사실을 제시한 경우	통계 자료를 적합한 매체 자료를 활용하여 제작하고, 이를 듣는 이가 이해하기 쉽도록 발표한 경우

중	자료를 수집, 분류, 정리하여 목적에 맞는 그래프로 나타내고, 일부 통계적 사실을 제시한 경우	통계 자료를 매체 자료로 제작하고, 이를 활용하여 발표한 경우
하	수집, 분류된 자료를 보고, 목적에 맞는 그래프를 선택한 경우	교사의 안내와 도움을 받아 통계 자료를 매체 자료로 제작하고, 이를 활용하여 발표한 경우

⑤ 기록(교과 세부능력 및 특기사항)

수학	통계 자료를 수집, 분류, 정리하여 목적에 맞는 그래프로 나타낼 수 있으며, 통계적 사실에 기반하여 해설할 수 있음.
국어	자료에 적합한 매체를 선택하고 제작할 수 있으며, 듣는 이에게 필요한 정보를 선별하여 이해하기 쉽게 발표할 수 있음

학습 내용을 실생활 맥락 속에서 적용하는 기회를 제공하는 평가

평가 도구 설계 시 평가 장면을 실생활 소재로 활용할 경우 학습 내용을 삶과 연계하는 학습의 전이를 평가를 통하여 더욱 강화시킬 수 있다. 다음 평가 도구는 수학과의 이상, 이하, 초과, 미만 개념을 생활 속에서 활용할 수 있도록 한 것이다.

1. 도로교통표지판을 보고 어떤 의미일지 〈보기〉와 같이 예상하여 설명하시오.
   (단, 수의 범위인 '이상, 이하, 초과, 미만'을 반드시 사용하고, 사용한 이유도 쓸 것)

차간 거리 확보

보기
• 의미 : 앞 차와 뒷 차의 거리는 50m 이상 떨어져야 한다.
• 그렇게 생각한 이유 : 차와 차가 부딪혀서 사고가 나지 않으려면 서로 멀리 떨어져야하는데, 이하나 미만은 50m보다 조금 떨어져도 된다는 의미이기 때문이다.

차 중량 제한

• 의미 :

• 그렇게 생각한 이유 :

※ '중량'이란 : 물건의 무거운 정도를 의미합니다.(출처 : 국립국어원 한국어 기초사전)

2. 위와 같이 수의 범위(이상, 이하, 초과, 미만)을 넣어 우리 학교 앞에 설치하고 싶은 교통표지판을 만들고 그 의미와 이유를 설명하시오.

• 내가 만든 표지판(그림)	• 의미와 설치하고 싶은 이유(글)

출처 : 「학생의 역량을 키우는 성장중심평가 실천하기」, 경기도교육청, 2021

학습 과정과 학습 전략을 점검하며 개선하는 기회를 제공하는 평가

과정 중심 평가는 말 그대로 과정을 중시하는 평가이다. 왜 과정을 중시해야 할까? 여러 가지 이유가 있지만 가장 중요한 이유는 학생들이 결과 지점에 도착하기 전, 자신의 학습 과정을 점검하고 개선하여 학습의 도착 지점에서 더 높은 곳에 오를 수 있게 하기 위해서이다. 이를 위해서는 학습 과정에 이루어지는 '자기평가'에 상위인지적 사고가 발휘될 수 있도록 해야 한다. 학교 현장의 자기평가 도구들은 대부분 아래와 같은 형식으로 이루어져 있다.

평가 내용	나의 평가
○○에 대하여 친구들에게 잘 설명하였나요?	☆ ☆ ☆ ☆ ☆
나는 ○○활동에 열심히 참여하였나요?	☆ ☆ ☆ ☆ ☆

　이러한 자기평가는 단순 반성, 자기 활동에 대한 평가 점수 부여의 역할만 가능하다. 학습 과정에 이루어지는 평가가 학습 과정과 학습 전략을 점검·개선하는 기회를 제공하기 위해서는 상위인지적 사고를 발휘할 수 있는 자기평가와 피드백이 함께 내재되어 있어야 한다. 학습 과정에서 상위인지적 사고가 발휘되기 위해서는 채점기준표(루브릭)의 적극적인 활용이 필요하다. 채점기준표(루브릭)는 채점만을 위한 도구가 아닌 학생들에게 자신의 학습에 대한 점검과 방향성을 제시해주는 역할을 할 수 있기 때문이다. 실제 평가 장면에서 채점기준을 학생들에게 공개하고 이를 보면서 학생들에게 평가에 임하게 하는 교실이 학교 현장에서 많아지고 있다. 학생들이 자신의 학습 결과를 채점기준(루브릭)에 빗대어 점검하는 과정에서 학습에 대한 학습, 즉 상위인지가 발휘될 수 있다. 그리고 자신의 현재 위치를 알고 더 발전하기 위한 방향성을 채점기준표(루브릭)의 상위 수준에서 파악할 수 있어 피드백의 역할까지 해줄 수 있다.

이와 같은 상위인지적 사고를 발휘하게 만드는 피드백은 해티의
"Where am I go?", "How am I going there?", "Where to next?" 라는
3가지 질문을 담아낼 수 있어야 한다(Hattie, 2012).

'Where am I go?'는 채점기준표(루브릭)에서 현재 학생의 성취수준을
의미한다. 'How am I going there?'은 현재 수준에서 내가 어떻게 하고
있는가를 의미하며, 실제 채점기준표(루브릭)의 평가 요소별 해당 평가기
준의 구체적 진술에 해당된다. 'Where to next?'는 현재 수준에서 다음
수준으로 성장이 일어나도록 다음 수준에 해당하는 구체적 성취수준의
정보를 제공하는 것을 의미한다.

평가 기준 ＼ 평가 요소	겪은 일을 나타내기	시로 표현하기
잘함	자신이 겪은 일이 대체로 잘 드러난 경우 ↑ How am I going there?	적당한 의미 단위로 행 구분하기, 반 복되는 말이나 흉내 내는 말, 꾸며주 는 말 등의 다양한 표현 방법을 사용 하여 쓰려고 했으나 표현의 효과가 약간 아쉬운 경우 ↑
보통 ↑ Where am I go?	자신이 겪은 일을 떠올려 시로 나 타내었으나 약간 의 경험만 드러난 경우	Where to next? 적당한 의미 단위로 행 구분하기, 반 복되는 말이나 흉내 내는 말, 꾸며주 는 말 등의 표현 방법 중 일부만을 사 용하여 표현한 경우

또한 자기평가와 더불어 동료평가를 함께 실시하여 이후 동료들이 어떠한 점수를 주었고 그 점수를 준 이유를 공유하는 것도 학습 과정과 학습 전략을 점검하며 개선하는 기회를 제공해줄 수 있다. 이때 자기평가 양식에도 동료평가가 함께 이루어질 수 있도록 하여 그 점수를 부여한 이유를 함께 작성하게 하면 학습 과정에 대한 점검과 개선의 기회와 효과를 강화시킬 수 있다.

평가 내용		동료평가 A	동료평가 B	동료평가 C
○○에 대하여 친구들에게 잘 설명하였나요?	이유	☆ ☆ ☆ ☆ ☆	☆ ☆ ☆ ☆ ☆	☆ ☆ ☆ ☆ ☆

※ 친구가 적어준 나의 평가를 보고, 고쳐야 할 점과 개선할 점을 써보시오.

_____

_____

_____

이와 같이 자기평가에 동료평가를 추가하여 자신의 학습 과정을 점검·개선할 수 있는 사항을 포함할 경우, 깊이 있는 학습이 평가를 통하여 더욱 효율적으로 이루어질 수 있다.

에필로그

2022 개정 교육과정이라는 새로운 국가 교육과정이 고시되었다. 국가 교육과정은 대한민국의 수많은 학교와 교실, 교사들에게 교육의 기준과 방향을 제시해준다. 이 기준과 방향의 종착점은 학생 주도성(Student Agency)이다. 이는 교사들이 교육과정에 대한 주도성을 발휘할 수 있어야 가능하다. 학생들과 만나며 살아있는 교육과정을 만들어내야 하는 것은 결국 교사의 몫이기 때문이다. 2022 개정 교육과정에서는 이를 발휘할 수 있는 학교 자율시간이라는 공간을 부여하였다. 이 공간을 통하여 교사들은 주어진 교육과정을 소비하는 역할에서 학생들을 위한 교육과정을 생산해낼 수 있는 교육과정 생산자의 역할을 부여받게 되는 것이다.

이 책은 교사 주도성을 발휘하고, 이를 통하여 학생 주도성을 키워줄

수 있는 교육과정 설계 방안들을 제시하였다. 또한 이를 수업에서 실천
해낼 수 있도록 '깊이 있는 학습'을 위한 수업 디자인과 평가 방안들도 함
께 제시하였다. 먼저 실천해본 경험과 수많은 논의를 바탕으로 제시된
이 책의 내용으로 다가올 미래에도 떳떳한 교사로 살아갈 수 있는 선생
님만의 든든한 교사 교육과정이 만들어지기를 바란다.

참고문헌

교육부(2024a), 2022 개정 교육과정 해설서(초, 중)

교육부(2024b), 2022 개정 교육과정 톺아보기(초, 중)

교육부(2015), 2015 개정 교육과정 초·중등 교육과정 총론

교육부(2022), 학교생활기록 작성 및 관리 지침 훈령 433호

교육부(2022), 초등학교 교육과정(교육부 고시 제2022-33호, 별책2)

교육부(2022), 중학교 교육과정(교육부 고시 제2022-33호, 별책3)

교육부(2022), 고등학교 교육과정(교육부 고시 제2022-33호, 별책4)

교육부(2021), 교과 교육과정 재구성 예시 자료집

교육부(2021), 2022 개정 교육과정 총론 주요 사항 설정 연구보고서

경기도교육청(2021), 경기도 교육과정

경기도교육청(2021), 학생의 역량을 키우는 성장중심평가 실천하기

경기도교육청(2022), 2022학년도 초등학교 교육과정 편성·운영 안내

경상남도교육청(2021), 경상남도 초등학교 교육과정 편성·운영 도움자료

유영식(2020), 『수업 잘하는 교사는 루틴이 있다』, 테크빌교육

유영식(2018), 『교육과정 문해력』, 테크빌교육

유영식(2017), 『과정중심평가』, 테크빌교육

이상은, 소경희(2019), 「미래지향적 교육과정 설계를 위한 OECD 역량교육의 틀 변화 동향
　　분석」; 한국교육과정학회, 『교육과정연구 27권』 1호, pp.139~164

인천광역시교육청(2022), 교사 교육과정 디자인

전라북도교육청(2021), 전라북도 교육과정

조호제 외(2021), 『개념기반 교육과정 및 평가의 이론과 실제』, 박영스토리

충청남도교육청(2022), 충남 참학력 교육과정

충청북도교육청(2021), 충남 참학력 교육과정

한국교육과정평가원(2022a), 2022 개정 교육과정 각론 조정 연구보고서

한국교육과정평가원(2022b), 『이슈페이퍼: 학습자 주도성 함양을 위한 교수·학습 원리 및 전략』 Vol 16

Erickson, H. L., & Lanning, L. A., & French, R. (2017), Concept-based curriculum and instruction for the Thinking Classroom, Corwin Press; 온정덕 등 역(2019), 『개념기반 교육과정 및 수업』 학지사

Erickson, H. L., & Lanning, L. A., & Niconson, M. (2013), Transitioning to Concept-Based Curriculum and Instruction: How to Bring Content and Process Together, Corwin Press

Hattie, J. (2012), Visible Learning for Teachers-Maximising Impact on Learning, Routledge

McTighe, J.& Wiggins, G. (2013), Essential Questions: Opening Doors to Student Understanding, ASCD; 정혜승 등 역(2016), 『핵심질문: 학생에게 이해의 문 열어주기』 사회평론아카데미

Julie Stern et al. (2017), Tools for Teaching Conceptual Understanding: Designing Lessons and Assessments for Deep Learning, Corwin Press; 임유나 등 역(2022), 『개념기반 교육과정과 수업』 박영스토리

Lois. A. Lanning (2013), Designing a Concept-Based Curriculum for English Language Arts: Meeting the Common Core With Intellectual Integrity, Corwin Press

OECD (2018), The future of education and skills Education 2030(E2030 Position paper)